JN113737

丸谷雄一郎［著］

［第7版］

グローバル・マーケティング

Global Marketing

創成社

はしがき
PREFACE

本書は2つの契機によって執筆が促された。筆者は1999年に「国際マーケティング論」を主要担当科目として愛知大学に奉職する機会に恵まれた。大学院の博士前期課程で「国際マーケティング論」のゼミに在籍した後，博士後期課程では「小売業の国際化」「新たな形態の流通システム」に研究関心が移ったこともあり，授業を行うにあたっては既存の多くのテキストを読み返し，多くのケースを組み入れるなどの工夫によって，難しい内容を分かりやすくして，講義を行っていた。

ここで第1の契機が訪れた。それは2001年に出版されたテキスト『グローバル・ビジネス戦略』の翻訳への参加であった。原書は欧米において新たなスタンダードとなりつつあった広範な内容を包括したテキストであったが，出版に際しては諸般の状況を勘案し，主要な部分を厳選してコンパクト化したものとなった。そして，半期の講義を担当していた筆者には，このコンパクトさが幸いし，このテキストを利用して基本部分を明らかにし，資料用教材やその他の欧米の研究動向などを補足的に加えることによって，講義のエンジンが加速した。

もう1つの契機は日本商業学会のグローバル・マーケティング研究会にともに参加している事業創造大学院大学の富山栄子先生の著書『わかりすぎるグローバル・マーケティング』との出会いであった。グローバル・マーケティング研究会は日本商業学会の中のグローバル・マーケティング研究者によって全国大会の前日に継続的に行われている研究会であり，この研究会は若手研究者と企業のグローバル・マーケティング関連実務担当者が全国大会の前日に真剣に，忌たんのない意見をぶつけ合うことができる貴重な「場」である。研究の対象は富山先生はロシア，筆者はメキシコと異なっていたが，資料の利用可能性の制約などの共通の悩みも多かった。

富山先生の著書『わかりすぎるグローバル・マーケティング』は非常にシンプルにグローバル・マーケティングのエッセンスが示されており，基本的な部分を平易に伝えようとする姿勢に共感しつつ，読み進むうちに，筆者が流通研究の恩師の鈴木安昭先生から賜った「本当に理解している人は簡単に説明できる」という言葉とも重なった。

私自身の経験を顧みて，「国際マーケティング論」を平易に簡単に説明できているかについての反省が生まれた。当時のテキストの『グローバル・ビジネス戦略』は内容，分量とも日本で出版されているテキストの中ではトップレベルにあったが，そのレベルは大学生にとってはやや難しく，翻訳書であるために言いまわしが硬くなる，カタカナ表記が多くなるなどの制約もあり，理解しづらい部分もかなり見られた。また，訳出の段階で削除された箇所もあり，前後関係の理解が難しい部分も散見された。

本書は上記の問題意識に基づいて，国際マーケティングの現在形であるグローバル・マーケティングの基本的な事項を半期という限られた期間に効果的に学習することを目的として執筆された。したがって，複雑な説明を避けるために，既存のテキストに見られる多くの内容をあえて，脚注に譲った。そして，筆者が7年間の講義の経験を通じて実感したこと，例えば内容のビジュアル化や事例による説明の重要性を重視し，図表や事例を多く用いることにより，分かりやすさを追求したつもりである。

本書を完成させるまでに多くの方々からご指導，御助言および御協力を頂いた。中央大学在学中より，基礎演習及び演習の指導教授の三浦俊彦先生には，マーケティングのいろはから多くの御指導を賜った。大学院博士前期課程の指導教授林田博光先生には，国際マーケティングについて多くの御指導を賜った。大学院博士後期課程の指導教授故及川良治先生には，研究者としての姿勢などについて多くの御指導を賜った。中央大学の木立真直先生には，大学時代には国内流通の現状を，大学院に入って以降は国際流通の実態について多くの御指導を賜った。青山学院大学名誉教授の鈴木安昭先生には，大学院時代にマンツーマンの講義を受けて以来現在に至るまで，流通に関する多くの御指導を賜っている。

愛知大学に奉職後，国際マーケティング論を担当することになって以降，日本商業学会のグローバル・マーケティング研究会で明治大学の大石芳裕先生，日本大学の嶋正先生，滋賀県立大学の林廣茂先生，神戸大学の黄磷先生，琉球大学の平敷徹男先生，関西大学の馬場一先生をはじめ多くの先生に，研究の奥深さと多様性について貴重な御教示を頂いた。そして，グローバル・マーケティング研究会の報告に際してコメンテーターをお引き受け頂いた龍谷大学の川端基夫先生には，その後も研究に関して多くの御指導を頂いている。

私の国際マーケティング研究の１つの大きな分岐点となった『グローバル・ビジネス戦略』の翻訳担当の機会を与えて頂いた中京大学の太田真治先生には，いつも研究教育両面で多くの御助言を頂いている。

また，常日ごろ多くの御指導を頂いている松江宏先生，村松幸廣先生，太田幸治先生をはじめ愛知大学の多くの先生方，日本商業学会中部部会，日本ラテンアメリカ学会など多くの所属学会の先生方，大学時代より公私にわたり貴重なアドバイスを頂いている専修大学の石川和男先生，松本大学の清水聡子先生，本書執筆に当たり資料提供を頂いた東海大学の小野豊和先生，「グローバル・ブランド」に関する多くの知見を教示頂いた静岡産業大学の原田将先生，「グローバル・マーケティングの組織」について貴重な御助言を頂いた滋賀大学の井上真里先生，日ごろ共同研究などを通じて海外事情について貴重な御助言を頂いている愛知教育大学の三輪昭子先生，拓殖大学の増山久美先生，在グアテマラ日本大使館専門調査員の大澤武志氏に，改めて御礼を申しあげます。

本書の出版に際しては，筆者の構想を極めて迅速に企画書にまとめあげ，原稿執筆に際しても多くの貴重な御助言を頂いた創成社の西田徹氏には改めて御礼を申し上げたい。

最後に，いつも推敲段階から拙稿に目を通し，最初の読者として意見を頂いている母，細部まで御助言を頂いている父に感謝したい。

2006年６月９日

丸谷雄一郎

第7版によせて

本書の目的は，グローバル・マーケティングの基本的な事項を短期間で効果的に学習することである。筆者は本書の初版で1年半，第2版で2年，第3版で2年，第4版で3年，第5版で4年，第6版で4年の合計16年半講義を行い，講義対象ならびに利用方法はさらに多様化してきた。

講義対象はマーケティング基礎学習と並行して学ぶ大学1年生，マーケティングの基礎のみを学習した2年生以上，マーケティングならびに国際関係の科目を学習した大学3年生以上，豊富な国際経験を有する留学生を中心とする大学院生，豊富な社会経験を有するシニア大学院生にまで拡大した。利用方法も基本内容学習に重点をおいた半期利用，基本を踏まえた上で脚注や参考文献の内容も取り入れた事例や応用を含めた1年間利用，具体的な論点を発見するための基本文献としての利用にまで拡大した。

さらに，少人数の講義やゼミのテキストとして採用頂き，諸先生，書店で購入頂いた現役の社会人，近年増えてきた企業研修の受講生の皆様といった当初は想定していなかった対象者や利用方法をお教え頂くと同時に，さらなる改訂のご提案を頂いた。

第7版の改訂に際しては，コロナ禍ではzoomによるオンライン講義，収録した講義動画を視聴した後に課題に取り組むオンデマンド講義といった新たな形態の講義も経験し，オンラインに対応したテキストの改善についても多くのご提案を頂いた。特に電子書籍化については強い要望があり，初めて電子書籍版の出版を想定した改訂を行った。

さらに，内容に関しては，新型コロナウイルスの世界的流行やロシアのウクライナ侵攻といった企業活動のグローバル化を停滞させる要因が強まる中で，Doole, Lowe and, Kenyon著 International marketing strategy：analysis, development and implementationの2022年最新版（第9版），Czinkota, Ronkainen, Cui著 International marketingの2023年最新版（第11版），Kotabe and Helsen著 Global Marketing Managementの2022年最新版（第９版）といった欧米の主要テキスト最新版においても，上記の潮流は反映されてきている。筆者も上記の潮流の反映は不可欠と考え，上記潮流を踏まえた改編を一部ではあるが行った。

改訂した本書がより多くの皆様のグローバル・マーケティングへの理解に少しでも役立てば幸いである。

2022年12月吉日

丸谷雄一郎

目　次
CONTENTS

はじめに

「グローバル・マーケティング」は企業活動の空間的拡大がグローバル化と呼ばれるようになった1990年代以降に普及した概念である。むろんそれまでのマーケティングは企業活動の空間的拡大に対応する形で普及し，企業が本格的に輸出を開始した段階では「輸出マーケティング」，国際進出を果たして現地生産や現地販売を開始した段階では「国際マーケティング」というように，企業活動の空間的拡大につれて，欧米の研究を後追いする形で，その拡大の実態の変化に対応する形で命名され，普及してきた（図表序－1参照）[1)]。

本書では『グローバル・マーケティング』を「現在の企業活動の空間的拡大に対応した戦略的マーケティング及びマーケティング・マネジメント」すなわち「企業活動のグローバル化に対応した戦略的マーケティング及びマーケティング・マネジメント」と定義する。

図表序－1　企業活動の空間的拡大とマーケティングの変化

マーケティングの名称	空間的拡大の具体的内容
輸出マーケティング	輸出業務に関連するマーケティング
国際マーケティング	輸出マーケティング＋ 現地生産，現地販売の方法
グローバル・マーケティング	国際マーケティング＋ マーケティングのグローバル統合・調整

1）なお，企業活動の空間的拡大に対応したマーケティングに関しては，企業活動の空間的拡大に関する捉え方が多様であるだけに，非常に多様な概念が提示されており，こうした概念が形成された経緯を理解することが重要である。

戦略的マーケティングとマーケティング・マネジメントの関係について詳細は第2章に譲るが，既存のグローバル・マーケティング研究の多くは多国籍企業を対象とし，彼らのSBU（戦略的事業単位）を基本的な分析単位としてきた。この分析は広範な企業レベルや事業レベルを含む「戦略的マーケティング」の枠組みを想定している[2)]。グローバル・マーケティングは，マーケティング・マネジメントを統合・調整するという意味では，戦略的マーケティングと類似しており，その相違は統合・調整する対象なのである。統合・調整する対象がグローバル・マーケティングでは各国ごとのマーケティング・マネジメントであるのに対して，戦略的マーケティングでは各製品・各事業ごとのマーケティング・マネジメントなのである（図表序－2参照）。例えば，C国がタイで，製品cが冷蔵庫なら，図中の1つのセルはタイにおける冷蔵庫のマーケティング・マネジメントということになる[3)]。

また，この領域の既存テキストは，国内マーケティングで培ってきた4P戦略を，進出先市場でどのようにアレンジするかというところに力点を置いてきた。それゆえ，本書の定義は「戦略的マーケティング」と「マーケティング・マネジメント」の双方を含むものとした。

本書の構成は以下の通りである。第1章「企業活動のグローバル化」では，「グローバル・マーケティング」が対応する必要のある空間的拡大の具体的内

2）グローバル・マーケティングの枠組みに関しては，日本商業学会やわが国の国際マーケティング研究者の多くが参加する「グローバル・マーケティング研究会」において活発な議論がなされてきた。三浦は「戦略的マーケティング」と「マーケティング・マネジメント」とのアナロジーで「グローバル・マーケティング」と「ローカル・マーケティング」の関係を捉えようとし，黄は「戦略的マーケティング」の枠組みの拡大を主張し，従来の枠組みを乗り越える試みに取り組んでいる。本書では，この枠組みで全てが示せるとはいえないものの，この枠組みが現状では有効であると考え，それに依拠している。三浦および黄の主張についての詳細は，三浦（2001）315-322頁，黄（2000）及び黄（2001）を参照。グローバル・マーケティングの枠組みについての議論に関して詳細は，丸谷（2001），富山（2004）を参照。

3）三浦・丸谷・犬飼（2017）23-24頁。

図表序－2　戦略的マーケティング，グローバル・マーケティング，マーケティング・マネジメントの関係

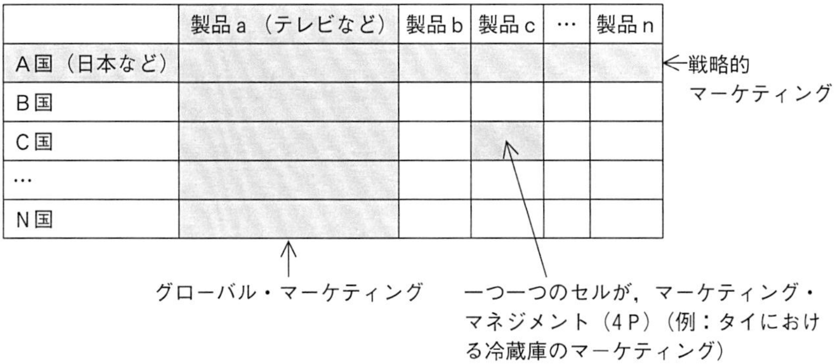

	製品a（テレビなど）	製品b	製品c	…	製品n
A国（日本など）					
B国					
C国					
…					
N国					

←戦略的マーケティング

↑グローバル・マーケティング

一つ一つのセルが，マーケティング・マネジメント（4P）（例：タイにおける冷蔵庫のマーケティング）

出所：三浦・丸谷・犬飼（2017），24頁。

容について示す。第2章「戦略的マーケティング及びマーケティング・マネジメントとは」では，「グローバル・マーケティング」の基本概念である「戦略的マーケティング」と「マーケティング・マネジメント」について示す。第3章「グローバル・マーケティングの枠組み」では，「グローバル・マーケティング」の具体的枠組みについて示す。第4章～第9章では，第3章で示した枠組みに基づいて各項目の内容を具体的に示していく。グローバル・マーケティングはグローバル配置とグローバル統合・調整に大きく区分できるが，第4章から第7章まではグローバル配置の部分を主に示し，第8章と第9章では近年重視されてきているグローバル統合・調整について，最新の研究動向を含めて主に示している。

I　企業活動のグローバル化

1．企業活動のグローバル化とは

企業活動のグローバル化は既存の企業活動が空間的に拡大することである。企業活動のグローバル化という用語が一般化する以前には「国際化」という用語が一般的に用いられていた。

広辞苑によれば，「国際」とは「諸国家・諸国民に関係すること」を意味し，「グローバル」とは「世界全体にわたるさま，世界的な，地球規模の」を意味し，「化」は「形や性質がかわること，かえること」を意味する。つまり，企業活動の国際化は「企業活動の形や性質の諸国家・諸国民に関係した変化」であり，企業活動のグローバル化は「企業活動の形や性質の世界全体にわたる変化」を意味する。

「国際化」が国境に強く規定される概念であるのに対して，「グローバル化」は国境よりもむしろ，国境を越えて「世界全体」あるいは「地球」を意識した概念なのである[1)]。この相違は企業活動の具体的な内容にも強く反映される。

企業活動の国際化の具体的内容は輸出，海外生産，現地販売であり，あくまでも本国から国外へ出ていくことを暗黙の前提としていた。それに対して，企業活動のグローバル化は出身国が存在しても，活動を行う際に本国から国外と

1）ここでの企業活動の「国際化」「グローバル化」に関する捉え方は嶋の捉え方と類似している。嶋の捉え方に関して詳細は，嶋（2000），17-18頁を参照。なお，嶋は「ボーン・グローバル企業」すなわち国内市場を経ずに最初から特定領域においてグローバル展開を目指す企業についても言及している。ボーン・グローバル企業に関して詳細は，嶋（2007），229-247頁を，ボーン・リージョナルに関して詳細は，Lopez, Kundu and Ciravegna (2009), pp.1228-1238.を参照。

いった方向性を暗黙の前提としていないのである。そして，その活動内容は当然出身国を意識したものではなくなり，世界最適地からの経営資源の調達，世界最適地での生産，世界最適地での販売となる。

鳥が見おろすように高いところから広範囲に見おろすことから転じて，全体を大きく眺め渡すことを「鳥瞰」という。鳥瞰は，地図を見て目的地を探すといった平面的に空間をとらえるということではなく，高層ビルの上から町並みを見たり，グーグル・アースを用いて旅行候補先の状況を調べるといったように，立体的に空間をとらえることなのである。

企業活動のグローバル化は，経営者に対して地球を鳥瞰して意思決定を行うことを強いている。多くの著名な経営者は，鳥よりも高く位置する人工衛星から送られてくる情報を用いて地球を上空から見おろし，世界中に分散している自社の施設や参入候補市場をビジネス・ジェットで移動しながら，世界中に張り巡らされた情報網から情報を日常的に収集し，経営上の意思決定を行っているのである。

2．企業活動のグローバル化の実態

図表1－1は，米国経済誌『フォーチュン』が毎年発表している世界の大企業ランキングから国籍の推移と現状について示したものである。第2次世界大戦後，多国籍企業が世界経済の主役となってきたが，そのトップの変遷から企業活動のグローバル化の実態を読み解くことができる。

第2次世界大戦後，戦禍にさらされなかった米国が世界の経済活動を牽引し，図表1－1でも1970年には，米国企業が世界100大企業の過半数を占めており，企業活動が米国に一極集中していた時代であったことがわかる。しかし，1980年には米国企業の優位が崩れ，米国企業が45社に対して，欧州企業は45社と拮抗した。そして，その後，日本企業が急激に増加し，1995年には37社となり，米国の24社を大幅に上回り，39社の欧州と並んで，欧米日3極（トライアド）の時代へと突入した。

そして，1990年代後半には，日本ではバブル経済が崩壊する一方，米国経

図表１－１　世界100大企業の国籍の変化

企　業	1970	1980	1990	1995	2000	2005	2010	2015	2020	2021	2021
アメリカ	64	45	33	24	36	31	29	32	34	34	124
カナダ	0	2	0	0	0	0	0	0	0	0	12
メキシコ	0	1	1	0	1	1	1	1	0	0	2
ブラジル	0	1	1	0	0	1	1	1	0	0	7
ベネズエラ	0	1	1	0	1	1	1	1	0	0	0
ドイツ	8	13	12	14	10	14	11	8	7	6	28
フランス	3	12	10	12	7	11	10	8	5	4	25
イギリス	9	7	8	3	6	11	8	5	5	2	18
オランダ	4	5	3	4	6	6	2	3	2	1	11
スイス	2	3	3	3	4	4	2	2	2	1	14
イタリア	3	4	4	3	3	3	4	4	2	2	5
スペイン	0	0	2	0	1	2	3	1	1	0	8
ベルギー	0	1	1	0	1	2	1	0	0	0	2
ノルウェー	0	0	0	0	0	1	1	1	0	0	1
スウェーデン	0	0	2	0	0	0	0	0	0	0	2
フィンランド	0	0	1	0	0	0	0	0	0	1	1
ルクセンブルク	0	0	0	0	0	0	1	0	0	0	1
オーストリア	0	0	1	0	0	0	0	0	0	0	1
日　本	8	8	16	37	23	9	11	7	8	7	47
中　国	0	0	0	0	3	3	6	17	24	34	136
韓　国	0	0	2	2	0	3	3	3	3	2	16
台　湾	0	0	0	0	0	0	1	1	1	1	9
マレーシア	0	0	0	0	0	0	1	1	0	0	1
タ　イ	0	0	0	0	0	0	0	1	0	0	1
オーストラリア	1	0	0	0	0	0	0	0	0	0	3
南アフリカ	0	0	1	0	0	0	0	0	0	0	0
ロシア	0	0	0	0	0	0	2	3	3	2	4
インド	0	0	0	0	0	0	1	0	1	1	9
シンガポール	0	0	0	0	0	0	0	0	1	1	3
サウジアラビア	0	0	0	0	0	0	0	0	1	1	1
トルコ	0	0	0	0	0	0	0	0	0	0	1
デンマーク	0	0	0	0	0	0	0	0	0	0	2
アイルランド	0	0	0	0	0	0	0	0	0	0	3
ポーランド	0	0	0	0	0	0	0	0	0	0	1
インドネシア	0	0	0	0	0	0	0	0	0	0	1

（注１）国籍が複数国の場合，重複して計算している。
（注２）一番右の列のみ上位500社の内訳である。
出所：フォーチュン誌グローバル500各年版より，筆者が作成。

済が急激に回復し，再逆転が起こり，経済統合が進んだ欧州が首位に立ったが，2010年の欧州ソブリン危機により欧州の相対的優位性は薄れた。

他方，2005年以降の中国の台頭は凄まじく，2021年には米国と並んだ。上位500位までに相対的に多くの企業を輩出する近隣の日本韓国台湾を加えた日中韓台という東アジアが世界において欧米とともに三極を占め，欧米亜のトライアドの時代となったといえる。

3．企業活動のグローバル化を促進する要因

1 市場のグローバル化

市場のグローバル化は，先進諸国市場の飽和と新興市場の台頭によってもたらされた。先進諸国市場の国内市場飽和は，市場としての潜在性を有する発展途上国への進出を促進した。

1980年代以前にも，NIES（新興工業経済地域）のうち韓国，台湾，シンガポール，香港がアジアNIESとして注目を集めたが[2]，アジアNIESに続く存在として，タイやマレーシアなどの東南アジア諸国，ギリシャ，スペイン，ポルトガルといった南欧諸国，冷戦構造崩壊によって市場経済化したハンガリー，チェコ，ポーランドといった東欧の移行経済諸国，新自由主義経済政策[3]を採用して米国経済との連携を深めたメキシコ，アルゼンチン，チリなどの中南米諸国などが続いていた。

1990年代に入って注目を集めるようになったBRICs（ブラジル，ロシア，インド，中国）[4]は発展途上国のイメージを変化させた。それ以前の発展途上国は

2）NIESはNewly Industrializing Economiesの略称であり，アジアNIES以外にも東欧諸国や中南米諸国も含まれていたが，アジアNIES 4カ国の成長は顕著であった。

3）1970年代以降に欧米で生じた国家の経済的困難は，国家の経済への過剰介入と福祉国家政策に原因があるとし，小さな政府に立ち戻るべきだと主張する考え方であり，米国レーガン政権，英国サッチャー政権，日本中曽根政権などの経済政策にも影響を及ぼした。中南米諸国の多くも1980年代の通貨危機後この政策を採用し，経済は一時期回復した。

4）米国大手証券会社ゴールドマン・サックス社の現会長ジム・オニール氏がBRICs経済の重要性を初めて説いた報告書（Building Better Global Economic BRICS）で示した造語である。なお，BRICsに関して詳細は，Wilson and Purushothaman（2003）を参照。

自国市場が小規模であったため，出身企業が経済成長に伴って対外進出を果たすようになると，経済開放圧力など政策変更の強い圧力を受けてきた。

しかし，BRICsの有する力は（1）豊富な天然資源，（2）豊富な労働力，（3）外資の導入，（4）政情の安定，（5）購買力のある中産階級の台頭といった要因によって生み出された経済力だけではない。BRICsは軍事力，外交力などでも既存大国と対等の力を有し，さらにその潜在的市場規模[5)]や資源保有量も大きく，世界的な課題を解決するための取り組みにおいて重要な役割を担い，先進諸国との交渉においても互いに妥協を行うという関係が構築されつつある。そして，リーマン・ショック後の金融危機に対応するために2009年4月ロンドンにて開催されたG20は，こうした関係の変化を示した1つの事例である。

これを契機にBRICsの影響力はさらに高まり，2011年の第3回BRICs首脳会議に，南アフリカ共和国が招待され，小文字のsを大文字のSに変更され，BRICSとなった。2014年第6回会議では，先進諸国中心の世界銀行やIMFといった従来の国際金融機関に代替することを目指す，新開発銀行の設立を正式合意した。本部は上海におかれ，初代総裁はインドから選出され，新興国代表としてのBRICSの位置づけは強固なものとなった（図表1－2参照）。特に中国は巨大経済圏構想「一帯一路」によって，多数の途上国のインフラ整備計画を促進し，途上国における影響力を強めてきた。しかし，対中債務による自国社会・経済の崩壊が一部の諸国で顕在化すると，構想への批判が各国で高まり，米中対立の一因ともなっている。

5）森辺（2014）は欧米のグローバル企業であるP&Gとアジアで競合する日系企業を比較し，日系企業の戦略性が欠如しているがゆえに，BRICsを重要視していないことを指摘しており有用である。彼によれば，P&Gが1980年代後半からアジア新興市場に参入し地道に流通チャネルを構築してきたのに対して，日系企業がアジア新興国で本気になったのは2000年以降である上，P&Gが本社が作成した戦略に基づいて伝統小売の間口をしっかり確保し巨大市場BRICsを死守しているのに対して，日系企業は属人的な要素に依存し近代的小売を重視し恣意的な市場戦略を行っている。詳細は，森辺（2014）を参照。

図表1－2　新開発銀行と従来の国際金融機関

	新開発銀行	世界銀行	国際通貨基金（IMF）
設　立	2015年	1944年	1944年
所在地	上海（中国）	ワシントン（米国）	ワシントン（米国）
代　表	トロイホ総裁（ブラジル）	マルパス総裁（米国）	ゲオルギエバ専務理事（ブルガリア）
関係主体	BRICS5か国均等出資	188か国加盟	188か国加盟
役　割	アジアアフリカ中南米の途上国インフラへ融資	途上国向け融資や政策提言	加盟国への融資や金融システム監視
資金規模	資本金500億ドル，7年間で1,000億ドルに増額	貸出上限額約2,000億ドル今後3,000億ドルへ増額	加盟国からの出資割当額は総額3,680億ドル

出所：各銀行が提示する情報に基づいて，筆者が作成。

ロシアのウクライナ侵攻の際にも新興国の連携はロシアへの対応にも影響し，新興国の名目GDPは依然として4割程度を占め（図表1－3参照），中国は第2位，インドは第4位となった。インドは2023年1月に発展途上国125カ国参加の「グローバルサウスの声サミット」をオンラインで開くなど，発展途上国のリーダーとしての存在感を高めている。

2 競争のグローバル化

競争のグローバル化は，世界中の企業が国境や業界を越えて地球的規模で競争を行う状態（メガコンペティション）を一般化した。その契機は，米国系多国籍企業が1980年代に行った経営・所有の自前主義の放棄であり，以降多国籍企業間での開発・調達・生産・販売の諸活動での戦略的提携が形成された。

多国籍企業間の戦略的提携は当初，企業内国際取引の延長であったが[6)]，多国籍企業は収益性の向上を目指し，収益性の高い特定領域への経営資源の集中投入を行うようになり，その他の諸活動はEMS（電子機器受託製造会社）への委託を行うことが一般化し，収益性の改善を目指した多様な国際戦略提携の締

6）竹田（1991），6-7頁。

図表１－３　G20の名目GDPの推移（単位100万米ドル）

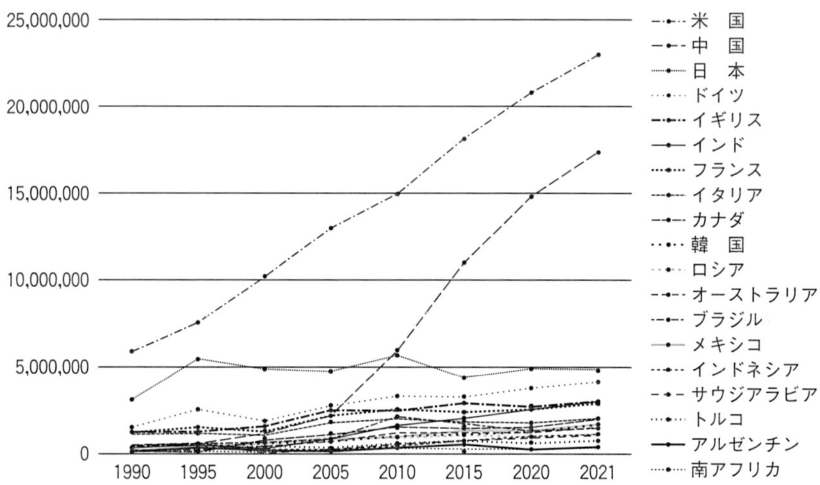

出所：IMFデータに基づいて，筆者が作成。

結（図表１－４参照）やクロスボーダーM＆Aが不可欠となっている。こうした多国籍企業間の協業ニーズは高まっており[7)]，国境を越えて助け合う世界的企業グループを誕生させている。

企業グループの代表的な事例としては，グローバル・スタンダード形成のために1990年代以降，DVD記録方式，パソコンのインターフェース方式など大規模で複雑なシステムに関して広く用いられるようになったコンセンサス標準を確立するためのコンソーシアム（図表１－５参照）[8)]，航空輸送産業において共同運航やマイレージの相互利用といった協力を行う３大航空アライアンスなどがあげられる。

また，競争主体のグローバル化の動きも競争のグローバル化を加速しており，BCG（ボストン・コンサルティング・グループ）が2006年より有力新興国出身企

7）Kotabe and Helsen (2004), p.3．なお，Yu, Subramaniam and Cannella Jr (2013) はグローバルなライバル企業間の提携形成が受入国の制限によって弱められることを示しており，注目に値する。

図表１－４　国際戦略提携の分類

戦略提携のタイプ	技術融合型	コンソーシアム型	単独経営補完型	中核事業共同型
代表的な産業	半導体，航空機，航空機エンジン	IT，AV	自動車，化学	航空輸送，防衛
産業のライフサイクル	開発期，導入期	開発期，導入期，成長前期	成長後期，成熟期	成熟期
産業の特性	・技術革新，融合による事業，新製品 ・巨額の開発・設備投資とリスク	・技術革新による新事業，新製品 ・複数の産業，技術の融合 ・標準化が最重要課題	・規模の経済性 ・最適のグローバル立地 ・単独経営で主導権を目指す	・規模の経済性 ・差別化 ・個別企業の単独経営困難
戦略提携の特性	・知識の融合による新知識の創造 ・技術の共同開発から製造の共同化へ	・コンソーシアムによる標準規格の確立 ・異業種を含むパートナーシップ ・協調と競争 ・管理の困難さ，不安定さ	・単独経営の補完 ・優位，劣位の関係を生む ・優位側による解消の可能性 ・単独経営が困難になると中核事業共同型へ	・中間事業の共同化 ・戦略提携が大きな戦略的役割 ・M&Aや計画的撤退への進展への可能性 ・世界的な業界再編へ

出所：山下（1995），43頁の図に，筆者が一部加筆修正。

業100社を認定しているグローバル・チャレンジャーはその象徴的存在である。2006年の最初のリストでは新興国の中心を占める中国企業が多かったが，2018年リストでは新規選出のナイジェリアのダンゴート・セメント，ケニア

8）なお，1995年にWTO（世界貿易機関）は，規格乱立によって国ごとにその適合性を評価する手続きが貿易上の障壁にならないために，貿易の技術的障壁に関する協定であるTBT（Technical Barriers to Trade）協定により，加盟国に対して，国内基準が国際標準と整合性を持つようにする義務を課した。さらに，政府調達協定により，政府調達は国際規格が存在する場合には，その技術仕様は国際規格に基づいたものにする義務が生じた。第２次大戦後，グローバル・スタンダード形成方法はVHSといった家庭用ビデオの標準形成プロセスにみられるように，標準設定，標準普及ともに市場プロセスにゆだねるデファクト標準と，ISO，IEC，ITUのような国際標準化機関が各国の国家標準化機関と連携し，標準設定，標準普及に市場プロセスを経ないデジュリ標準の２つの方法に分類され，強い調整能力を持つ公的標準化機関が存在しないこともあり，前者が広く用いられてきた。しかし，1990年以降，大規模なイノベーションを市場導入する際には，多くの製品においてシステムが複雑化し世界中の多数のプレイヤーが関与するようになったために，標準設定において事前に調整するコンソーシアムなどの有用性が示され，広く用いられるようになった。

図表1－5　3つの標準化プロセスの比較

標準化プロセス	標準設定（standard-setting）	標準普及（standard-diffusion）
デファクト標準化	市場プロセス	市場プロセス
コンセンサス標準化	非市場プロセス	市場プロセス
デジュリ標準化	非市場プロセス	非市場プロセス

出所：立本（2011），82頁。

のサファリコム，アルゼンチンのメルカード・リブレ，ブラジルのシエロなど17社を含む100社が選出された。その多くはデジタル領域が本業であったり，デジタル技術をビジネスモデルに積極的に取り組んでいる企業であった。

内訳は，中国の25社，インド17社，ブラジル9社，南アフリカ4社，ロシア2社とBRICS諸国が過半数を占めるが，輩出国は多様化している。BRICS諸国以外からも東南アジア4か国（タイ，マレーシア，インドネシア，フィリピン）から14社，中南米5か国（メキシコ，アルゼンチン，チリ，ペルー，コロンビア）から14社，中東3か国（サウジアラビア，UAE，カタール）から5社，アフリカ4か国（エジプト，ナイジェリア，モロッコ，ケニア）から4社，トルコから6社が輩出されている。

なお，このリストには持続的業界リーダーとなった名誉グローバル・チャレンジャーというカテゴリーもあり，2018年リストでは，アリババ，テンセントという中国のITC産業を牽引する2社と中国のインフラ建設を牽引してきた中国交通建設，サウジアラビアのサウジ基礎産業公社（SABIC）が掲載されており，これらの企業は新興国出身の代表といえる。

3　貿易自由化を促進する制度の確立

貿易自由化を促進する制度は第2次世界大戦後の1947年に設立されたGATT（関税と貿易に関する一般協定）を中心とする多角的貿易交渉（ラウンド）の枠組みのもとで確立されてきた。GATTの第1回ラウンドの参加は23の国や地域であったが，第8回のウルグアイ・ラウンドは123の国や地域となり，世界貿易の自由化とルールの策定を進める組織としての役割は段階的に拡大した。

最終ラウンドとなったウルグアイ・ラウンドでは，GATTの役割を受け継ぐ常設機関としてWTO（世界貿易機関）の設立が合意され，1995年1月に設立された。2002年には懸案であった中国と台湾，2012年には難航していたロシアの加盟が実現した。2015年4月にセーシェル共和国，11月にカザフスタン，2016年6月にはリベリアとアフガニスタンが加盟し，2022年末現在164の国や地域が既に加盟し，セルビアなど東欧諸国，エチオピアなどアフリカ諸国，イランなど中東諸国，ウズベキスタンなど中央アジア諸国といった23の国と地域が加盟作業中である。

WTOを中心とする多角的な貿易体制の拡大は，新興市場の新たな中間層に物質的な豊かさをもたらすという正の側面の裏返しともいえる，世界的貧困，搾取的賃金，地球環境悪化及び文化侵略といったグローバル化の負の側面を拡大させる結果ももたらした。そして，これらの側面に対する世界的な対応を促すと同時に，先進諸国と発展途上国間など加盟国間の立場の相違を拡大する結果となり，WTOという巨大な枠組みの限界を露呈している。1990年以降，この体制を補完する形態として，地域や2国間でのFTA（自由貿易協定）が増加し，2022年1月1日現在311のFTAが発行済みである[9)]。

なお，WTOが加盟する全ての国に同じ関税率を適用するという最恵国待遇を原則としているのに対して，FTAは特定の地域のみで関税を撤廃することを原則とするため，地域の事情などに応じたよりきめ細かな対応が可能となる（図表1－6参照）。

代表的なFTAは，EU（欧州連合），USMCA（米国・メキシコ・カナダ協定），MERCOSUR（南米南部共同市場），AFTA（ASEAN自由貿易地域）など多国間のものであるが，2国間のFTAも積極的に締結されている。

9）FTAの発効数はWTOのホームページ（http://rtais.wto.org/ui/PublicAllRTAList.aspx）を参照。なお，地域貿易協定は自由貿易協定と関税同盟の総称である。JETROホームページに2021年3月に公開された世界のFTAデータベース（https://www.jetro.go.jp/theme/wto-fta/ftalist/）は使い勝手もよく有用である。

図表1－6　日タイFTAにみるFTAの効果

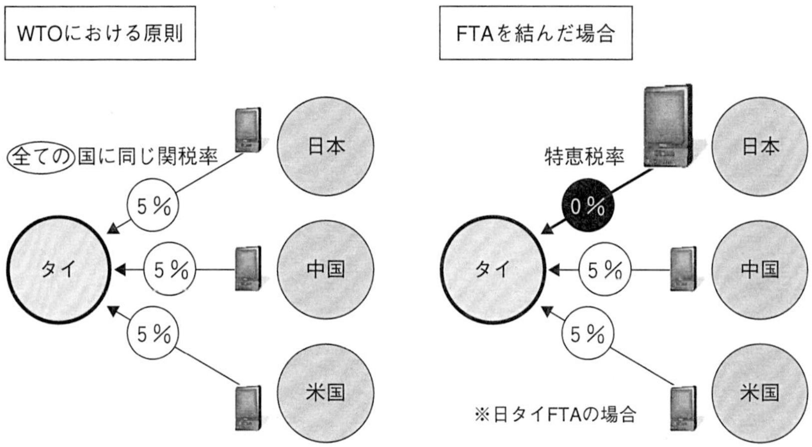

WTOにおける原則

FTAを結んだ場合

全ての国に同じ関税率

日本
5％
タイ
5％
中国
5％
米国

特恵税率

日本
0％
タイ
5％
中国
5％
米国
※日タイFTAの場合

出所：外務省経済局（2007），5頁の図に，筆者が一部加筆。

日本においても2002年11月のシンガポールとのEPA（経済連携協定）[10]発効を皮切りに，2005年4月にはメキシコとのEPAが発効し，2022年1月末現在チリ，フィリピン，タイ，マレーシア，インドネシア，ブルネイ，ベトナム，ASEAN全体，スイス，インド，ペルー，オーストラリア，モンゴル，TPP11，EU，英国，RCEPという20のEPAが発効済みであり，TPP12には署名済みである。その他にもトルコ，コロンビア，日中韓は交渉中であり，GCC，韓国，カナダとは交渉中断中である（図表1－7参照）。

貿易の一定程度の自由化がWTO加盟の要件となっており[11]，多くの諸国がWTO加盟を目指して貿易自由化を促進する制度改正を行っており，WTOの存在が企業活動のグローバル化を促進しているといえる。そして，多くの

10）EPAは，特定の二国間または複数国間で，域内の貿易・投資の自由化・円滑化を促進し，水際及び国内の規制の撤廃や各種経済制度の調和等，幅広い経済関係の強化を目的とする協定であり，FTAに比べてより包括的な内容を含む概念である。

図表1－7　日本のEPA締結の歴史　経済連携交渉の推進状況（2022年1月末現在）

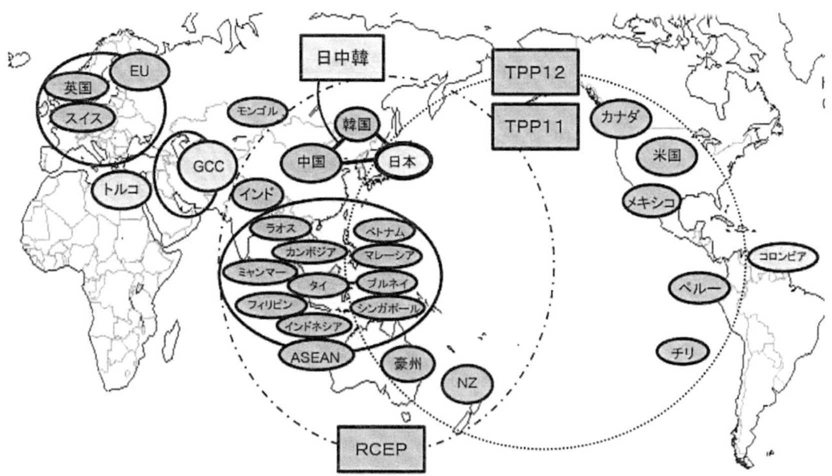

※GCC：湾岸協力理事会（Gulf Cooperation Council）
（アラブ首長国連邦，バーレーン，サウジアラビア，オマーン，カタール，クウェート）
※米国については，日米貿易協定・日米デジタル貿易協定

出所：外務省ホームページで示す「我が国の経済連携協定（EPA／FTA）等の取組」が提供する図（https://www.mofa.go.jp/mofaj/gaiko/fta/index.html）を修正。

FTAが締結国間の貿易量の95%以上をカバーしており，FTA締結も企業活動のグローバル化を促進しているといえる。

4　インターネットの普及

通信技術の発達はグローバル化を促進している。固定電話が主流であった

11）WTO加盟国になるためには，世界貿易機関を設立するマラケシュ協定（通称：WTO設立協定）と附属書1A：物品の貿易に関する多角的協定，附属書1B：サービスの貿易に関する一般協定（通称：GATS），附属書1C：知的所有権の貿易関連の側面に関する協定（通称：TRIPs協定），附属書2：紛争解決に係る規則及び手続に関する了解（通称：紛争解決了解），附属書3：貿易政策審査制度の全てを受諾しなければならない。これらの協定を受諾するためには，国内での多くの制度改革が必要となり，この制度改革が貿易自由化を促進することにつながる。

1980年代まで電話は設置に莫大なインフラ投資が必要であり，発展途上国では一部の階層にしか普及していなかった。しかし，1990年代後半以降，携帯電話が普及し始めたことにより，電話の利用率が急激に高まり，外部とのコミュニケーションの有用性が認識され，インターネットの普及も進展している。

世界のインターネット利用者数は1993年には約1,000万人であったが，ITU（国際電気通信連合）によれば2021年には約49億人となり，2000年代半ば以降の急激な携帯電話やスマートフォンの普及によるところが大きい。

世界的に見てデジタル・ディバイド（情報通信技術へのアクセスの有無によってもたらされる経済格差）が強く意識され，都市部ではインターネットがかなり普及し，最も普及が遅れているアフリカでも５割に達した。しかし，都市と地方の格差は発展途上国では未だ大きく，地方では特にアフリカ15％，アジア太平洋39％，アラブ諸国42％と５割に達していない。発展途上国といっても格差には差があり，内陸開発途上国（LLDCs）では特に都市と地方の格差が大きい（図表１－８参照）。

他方，「デジタル・ディバイド」に代わって，クラウド・エコノミーへと世界が移行していく過程で，ブロードバンド化やデータ・センターの活用といったアクセスの質の問題が顕在化してきている（図表１－９）[12)]。実際，韓国，エストニア及びルワンダに代表されるように，一部の政府はブロードバンドなどICT技術の積極的導入により恩恵を享受しているが，アフリカ諸国などではプリペイドSIMカードによる中古携帯を通じた通話とSMS（ショート・メッセージ・サービス）での利用が主流であり[13)]，アクセスの質の問題には対処できていない。

インターネットの普及は電子商取引（Eコマース）を増加させているが，この取引形態もまた従来の国境の概念を希薄化させている。物流面での整備，知

12）ICTのグローバル普及と格差に関するこれまでの議論に関して詳細は，篠崎・田原（2014）を参照。クラウド・エコノミーへの移行とICTに対するアクセスの質に関して詳細は，UNCTAD（2013）を参照。

13）アフリカにおける携帯普及の実態に関して詳細は，佐藤（2013）を参照。

図表1－8　世界のインターネット普及率（都市地方別及び地域別）

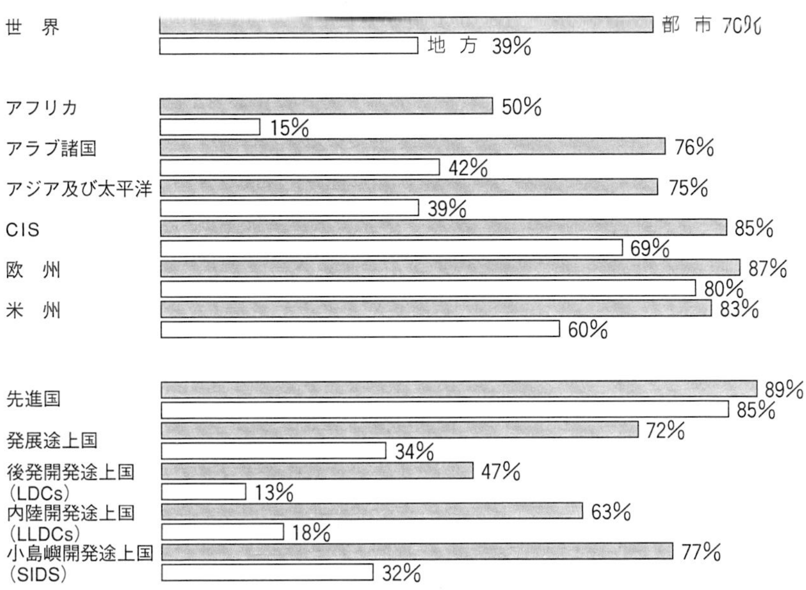

出所：ITU（2021）Measuring Digital Development: Facts and Figures 2021, ITU, p.3.

的財産権などの権利関係の調整及びサービス体制の拡充といった普及の前提条件が整備された先進諸国だけではなく，上記の課題が解決に向かっているとは言い難い新興諸国でもＥコマースは普及してきている。

その主体も多様化し，主要先進国に加えてブラジル，インド，中国，メキシコといった新興諸国にも積極的に展開するアマゾン・ドット・コムのようなネット専業企業だけではなく，ウォルマートなどのグローバル・リテイラーも現地企業の買収などを通じて新興諸国でのネット販売を強化してきている。さらに，新興市場出身のネット小売企業が各地域で存在感を高めており，中国のアリババとジンドン，インドのフリップカート，東南アジアのラザダ，ナイジェリアのジュミア，アルゼンチンのメルカード・リブレなどがあげられる。

図表1－9　デジタル・ディバイドの実態（都市地方別及び地域別）

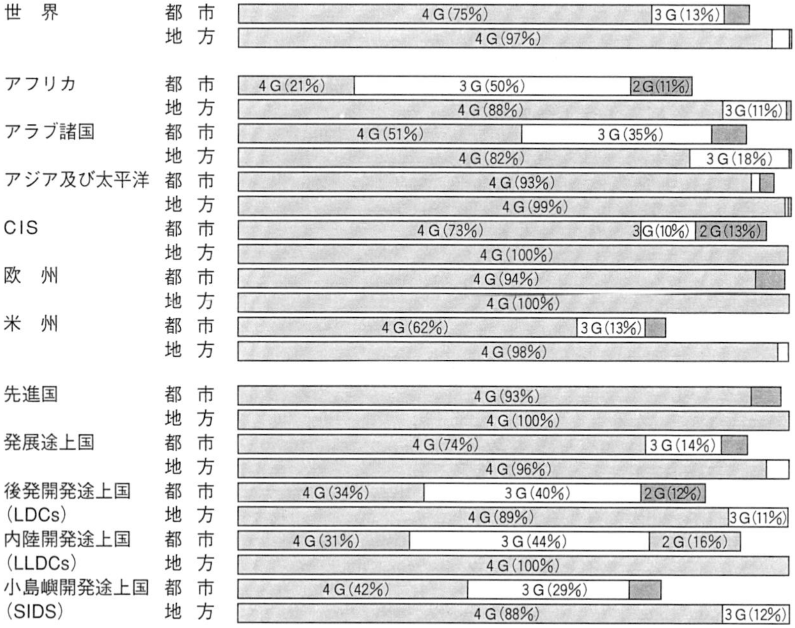

世　界	都　市	4 G(75%) 3 G(13%)
	地　方	4 G(97%)
アフリカ	都　市	4 G(21%) 3 G(50%) 2 G(11%)
	地　方	4 G(88%) 3 G(11%)
アラブ諸国	都　市	4 G(51%) 3 G(35%)
	地　方	4 G(82%) 3 G(18%)
アジア及び太平洋	都　市	4 G(93%)
	地　方	4 G(99%)
CIS	都　市	4 G(73%) 3 G(10%) 2 G(13%)
	地　方	4 G(100%)
欧　州	都　市	4 G(94%)
	地　方	4 G(100%)
米　州	都　市	4 G(62%) 3 G(13%)
	地　方	4 G(98%)
先進国	都　市	4 G(93%)
	地　方	4 G(100%)
発展途上国	都　市	4 G(74%) 3 G(14%)
	地　方	4 G(96%)
後発開発途上国 (LDCs)	都　市	4 G(34%) 3 G(40%) 2 G(12%)
	地　方	4 G(89%) 3 G(11%)
内陸開発途上国 (LLDCs)	都　市	4 G(31%) 3 G(44%) 2 G(16%)
	地　方	4 G(100%)
小島嶼開発途上国 (SIDS)	都　市	4 G(42%) 3 G(29%)
	地　方	4 G(88%) 3 G(12%)

出所：ITU（2021）Measuring Digital Development: Facts and Figures 2021, ITU, p.12.

4．企業活動のグローバル化の枠組み

企業活動のグローバル化は前節で示したように，1980年代に生じた環境要因の変化によって促進されてきたが14)，これらの要因は相互に関連しながら，企業活動のグローバル化を促進している（図表1－10参照）。

14）大石はグローバル化の主体として経済，市場と競争，企業，経営資源の4つの次元を示し，各次元や各次元における諸要因の相互関連について整理している。筆者のグローバル化に関する理解も大石と近いが，本節では4つの次元の1つである企業を中心に整理を試みている。大石のグローバル化の主体問題に関して詳細は，大石（2000），35-46頁を参照。

図表1－10　企業活動のグローバル化

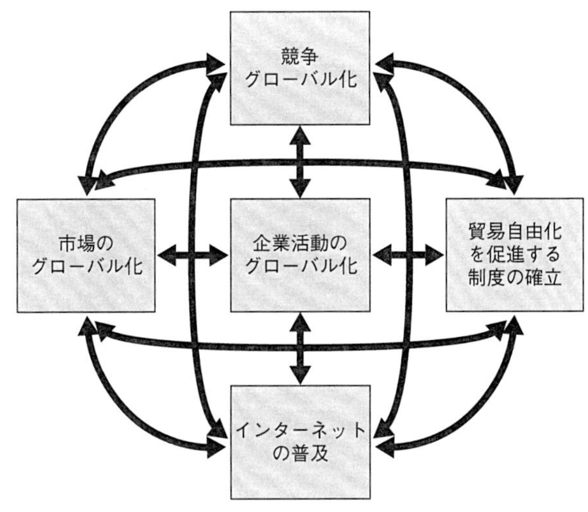

出所：大石（2000），36頁の図を参考にして，筆者が作成。

例えば，インドはインターネットの普及により，米国から委託されたBPO（ビジネス・プロセス・アウトソーシング）事業の増加により最も恩恵を受けた国であり，いまや中国が「世界の工場」なら，インドは「世界のバックオフィス」といわれている。

当初，BPOの業務内容はデータ処理，コールセンター業務といった単純な業務が中心であったが，現在では調査分析，商品開発及び設計業務など全社的な意思決定に関わるものまで多岐にわたっている[15)]。そして，ムンバイを本拠地とするタタ・コンサルタンシー・サービシズ，ベンガルール（旧バンガロール）[16)] を本拠地とする

15）インドへのオフショアリングの状況に関して詳細は，松井（2005）を参照。なお，米国の労働ビザのうち，大半の取得者が情報分野であるH-1B（専門職）ビザ取得者であり，その70％以上をインド人が占め，247万9,000人となっており，2位中国の36万4,000人を大幅に上回っている。アメリカに移動するインド技術者に関して詳細は，松下（2016）を参照。

16）ベンガルール（旧バンガロール）のITクラスターの発展においては，シリコンバレーなどのディアスポラ（元の国家や民族の居住地を離れて暮らす国民や民族の集団ないしコミュニティ）が大きな役割を果たしたことが知られている。ベンガルールのITクラスターの発展とディアスポラの果たした役割について詳細は，Sonderegger and Täube (2010) を参照。世界中に点在するディアスポラを標的としたディアスポラ・マーケティングも存在する。ディアスポラ・マーケティングに関して詳細は，Gillespie and Hennessey (2011)，pp.162-163. を参照。

図表１－11　インドにおける企業活動のグローバル化の構図

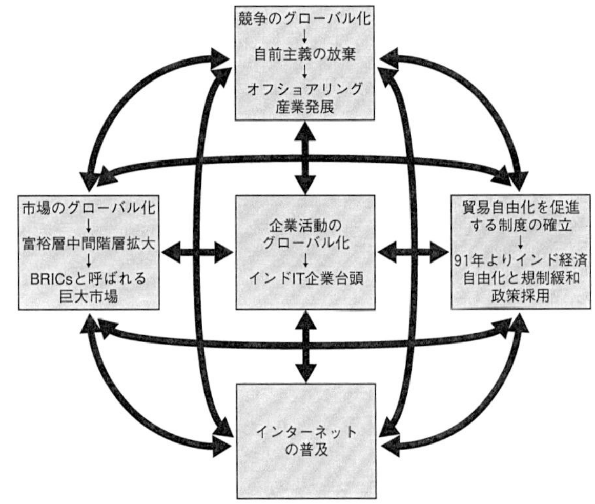

出所：図表１－10の枠組みに基づいて，筆者が作成。

インフォシス・リミテッドやウィプロ・テクノロジーズといった有力企業は世界的な大企業となっている。

これらの企業の発展はインターネットの普及，競争のグローバル化に伴う米国企業の海外へのアウトソーシングの促進，1991年からインドで開始された経済自由化と規制緩和政策による貿易自由化を促進する制度の確立が背景にある。そして，インドのオフショアリング産業の成長は国内に富裕層や中間階層を生み出し，インドの他分野への多額の外国投資を呼び込み，消費財市場を拡大させ，市場のグローバル化を促進させるという循環をもたらしつつある（図表１－11参照）。このように，企業活動のグローバル化をもたらす要因は相互に関連しており，相互に関連した環境変化に適切に対応した企業が成長していくのである。

II 戦略的マーケティング及び マーケティング・マネジメントとは

1. 戦略的マーケティング及びマーケティング・マネジメントの定義

1 戦略的マーケティングとマーケティング・マネジメントの関係

グローバル・マーケティングは，マーケティング・マネジメントを統合・調整するという意味では，戦略的マーケティングと類似している。統合・調整する対象が各国ごとのマーケティング・マネジメントなのか，各製品・各事業ごとのマーケティング・マネジメントなのかが異なるのである。

戦略的マーケティングは各製品（ブランド），各事業を統合・調整し，各製品・ブランドのマーケティング・マネジメントでは４Ｐと呼ばれるマーケティング・ミックス要素を統合・調整する。統合・調整の対象レベルごとの決定事項は図表２－１の通りである[1]。対象レベルが企業といった上位になるほど，

図表２－１　戦略的マーケティングとマーケティング・マネジメントの決定事項

	対象レベル	決定事項
戦略的マーケティング	企　業	企業ドメインの決定 各事業単位への経営資源配分
戦略的マーケティング	事　業	各事業単位の競争戦略 各事業単位を構成する製品・市場への経営資源配分
マーケティング・マネジメント	製品・ブランド	各製品・市場単位におけるマーケティング・ミックス マーケティング・ミックスの各要素への経営資源配分

出所：村松（1994），114頁の図に，筆者が一部加筆修正。

1）村松（1994），110-111頁。

図表２－２　戦略的マーケティング計画と製品・ブランドマーケティング計画の統合

戦略的マーケティング計画（企業あるいは事業レベル）		製品・ブランドマーケティング計画（製品・ブランドレベル）
企業目的	→	マーケティング目的
↓		↓
投資機会の評価	←	マーケティング機会の評価
↓		↓
製品ミックス戦略	→	マーケティング・ミックス戦略
↓		↓
利潤の概算	←	販売高の予測
↓		↓
評価と統制	→	評価と統制

出所：Assael (1985), p.578.の表を，筆者が一部修正。

中長期的な方向性を示す役割を果たすのに対して，製品・ブランドといった下位になるほど，その内容がより詳細になるために短期的志向を追求する結果に陥りがちである。

そして，戦略的マーケティングはマーケティング・マネジメントと相互補完関係にある（図表２－２参照）。つまり，戦略的マーケティング計画において設定された企業目的は製品・ブランドマーケティング計画において設定されたマーケティング目的を規定し，マーケティング目的がマーケティング機会の評価を規定し，企業目的と評価されたマーケティング機会が投資機会の評価につながるといったように，意思決定の各レベルにおいて相互に補完している[2)]。

2　マーケティング・マネジメントの定義

マーケティング・マネジメントは，マーケティングを合理的，効率的になるように計画し，組織し，統制するマーケティング管理である[3)]。そして，計画，組織，統制する対象であるマーケティングは，AMA（アメリカ・マーケティング協会）の定義[4)]によれば以下の通りである。

２）村松（1994），141-142頁。
３）和田・日本マーケティング協会編（2005），209頁。

マーケティングとは，顧客，クライアント，パートナー及び社会全般に価値をもたらす提供物を創造し，コミュニケーションを図り，提供し，交換するための活動，一連の組織及びプロセスである[5]。

AMAの定義を踏まえて，マーケティング・マネジメントを定義すると以下のようになる。

マーケティング・マネジメントとは，顧客，クライアント，パートナー及び社会全般に価値をもたらす提供物を創造し，コミュニケーションを図り，提供し，交換するための活動，一連の組織及びプロセスを，合理的，効率的になるように計画し，組織し，統制するマーケティング管理である。

3　戦略的マーケティングとは

戦略的マーケティングは，既述の通り製品・ブランドレベルのマーケティング・マネジメントと対象レベルの差こそあるが，マーケティング・マネジメントであることに相違はない。

上記の相違と以下の枠組みの部分で示す戦略的マーケティングの具体的なプロセスを踏まえて，戦略的マーケティングを定義すると以下の通りになる。

戦略的マーケティングとは，顧客，クライアント，パートナー及び社会全般に価値をもたらす提供物を創造し，コミュニケーションを図り，提供し，交換するための活動，一連の組織及びプロセスを，合理的，効率的になるように計画し，組織し，統制する製品・ブランドレベルのマーケティング管理を規定する，基本戦略，経営資源の配分及び競争戦略を企業・事業レベルから決定する一連のプロセスである。

4）19年にわたり利用されてきた1985年の定義は，「マーケティングとは，個人と組織の目標を満足させる交換を創造するために，アイデア，財，サービスの概念形成，価格，プロモーション，流通を計画及び実行するプロセスである」というものである。

5）AMAの2007年最新定義による。

2. 戦略的マーケティング及びマーケティング・マネジメントの枠組み

戦略的マーケティング及びマーケティング・マネジメントの枠組みは以下の通りである（図表2－3参照)。戦略的マーケティングは「企業理念・企業ドメインの設定」「経営資源分析・市場機会分析」「ポートフォリオ計画」「競争戦略」に分類できる。

図表2－3　戦略的マーケティング及びマーケティング・マネジメントの枠組み

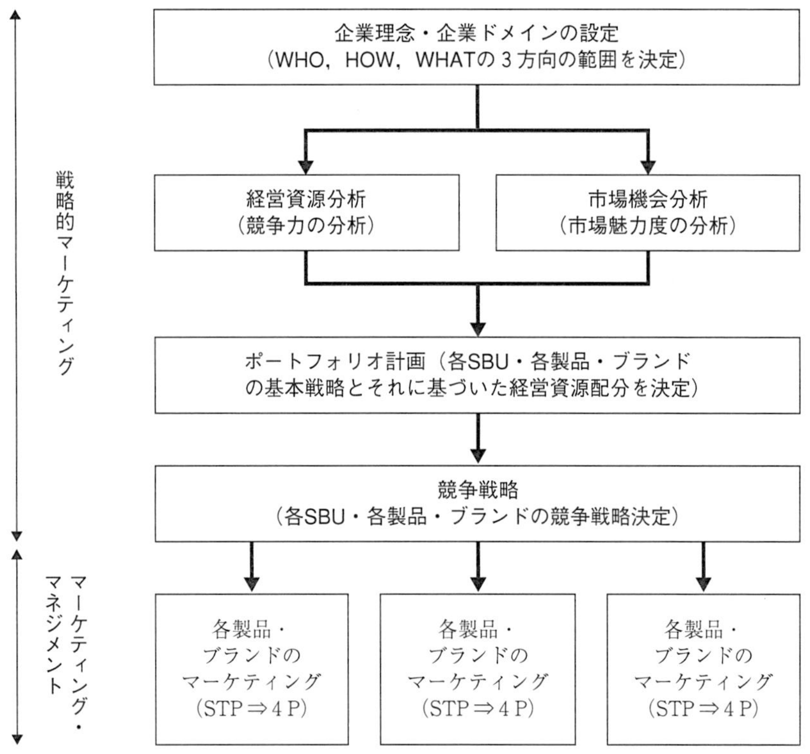

出所：尾上（1995），27頁の図を，三浦（2004），36頁の図及び村松（1994）の内容を参考に，筆者が大幅に修正。

マーケティング・マネジメントは各製品・ブランドのマーケティングであり，各製品・ブランドを対象にした「市場細分化，標的市場の設定及びポジショニング（図のSTP）」と「製品戦略，価格戦略，マーケティング・チャネル戦略，プロモーション戦略の４Ｐ戦略」で構成される。

3．戦略的マーケティングのプロセス

1 企業理念・企業ドメインの設定

企業理念は企業の方向性を規定する概念の１つであり，企業の未来像を示すビジョン，企業使命を示すミッションを実現するための哲学であり，企業理念に基づき組織文化を踏まえて行動指針が構築されている[6)]。

日本企業の場合，従来，社是社訓といった概念は存在したが，その内容は「社会への貢献，社会奉仕，組織の和」といったように，言わなくてもわかるという日本の組織文化を象徴する用語である「空気」を示す概念であり，ことさらに強調することは少なかった。

しかし，企業活動のグローバル化が進み，企業の社会的責任が強く問われ，多様な人材を企業内に受け入れる必要性が強まる中で，グローバル化を目指す企業を中心に，企業の方向性をより分かりやすく示す概念として「・・・ウェイ」といったような新たな概念を構築し，規定した概念を社内だけで共有すると同時に，企業メッセージといった形で社会全体に自社の方向性を示す努力がなされつつある。

企業ドメインは企業の主要生存領域のことであり，当該企業が自社の資源を踏まえて長期的視座に立って，どのように社会の中で成長していくのかということを示している[7)]。そして，その方向性は誰を満足させるのか（WHO），何

6）企業の方向性を規定する概念に関しては，グロービス，湊（2010），1-4頁などを参照。

7）企業ドメインに関して詳細は，太田（2006），37-39頁を参照。

図表２－４　企業ドメインの決定

何を満足させるのか（WHAT）
範囲：特定のニーズ
⇒ 多様なニーズ

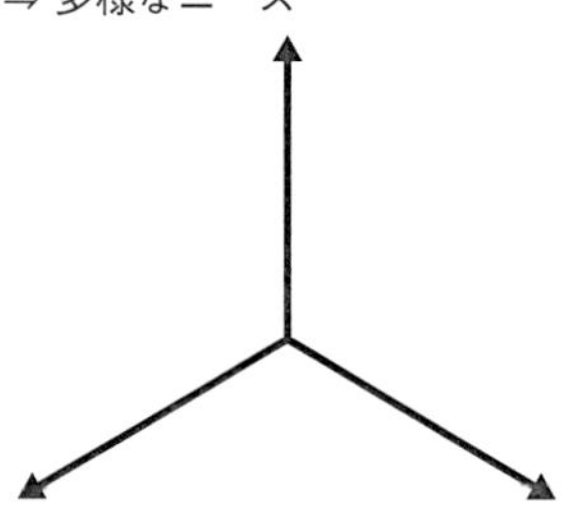

どのように満足させるのか（HOW）
範囲：少ない経営資源利用
⇒ 多くの経営資源利用

誰を満足させるのか（WHO）
範囲：国内の１人
⇒ 世界中の人々

出所：Abell (1980), pp.29-31.の枠組みを，筆者が一部修正。

を満足させるのか（WHAT），どのように満足させるのか（HOW）という３つの方向性によって定義される（図表２－４参照）[8]。

例えば，ホンダは当初，日本の庶民の，安く簡単に移動したいというニーズに，町工場で原動機付き自転車を生産することで生存してきたが，現在では，世界中の，移動したいということに関する多様なニーズに，最新鋭の工場でバイク，自動車を生産することで生存しており，近年では，庶民の概念を広く捉えることで，ビジネスマンの利用が今後拡大するとみられるビジネス・ジェット需要に対応するために小型ジェット機を生産し，2017年には同社の生産するホンダジェットの納入数はセスナ社のジェット機であるサイテーションM2の38機を上回る43機となり，機種別で初の年間世界首位になった。

8）Abell (1980), pp.29-31.

2 経営資源分析・市場機会分析

企業ドメインが決定したら，投入可能な経営資源は限られているので，限られている自社の経営資源（人・物・金・情報）の内容を確認する。そして，その経営資源をどの市場にどの程度投入するのかを決定するために，投入先候補市場の自社にとっての魅力度を評価する9)。市場魅力度は，各社が有する経営資源が異なると，経営資源が生み出す競争力が異なるので，各社ごとに異なるのである。

例えば，緑茶飲料市場の場合，小型ペットボトル導入に伴って急拡大した市場であるが，各社にとっての市場魅力度は主要メーカーごとに異なっている（図表2－5参照）。伊藤園は緑茶の製造販売メーカーとして，緑茶において「お～いお茶」ブランドという強力な経営資源を有していたので，緑茶市場の魅力度は高いといえる。それに対して，日本最大の清涼飲料メーカーの日本コカコーラ社は自社が炭酸飲料を起源としているだけに，当初，伊藤園ほど緑茶市場の魅力度を高く感じていなかった。しかし，小型ペットボトル市場におけ

図表2－5　小型ペットボトル緑茶市場における各社の対応

メーカー	経営資源	市場魅力度	具体的対応
伊藤園	緑茶ブランド	高	既ブランドを拡充
日本コカコーラ	自販機流通網	低	周辺市場の構築
キリンビバレッジ	紅茶で培ったマーケティング力	中	競合ブランドをいち早く投入
サントリー	な　し	低	出遅れ，経営資源の拡充
アサヒ飲料	な　し	低	出遅れ，経営資源の拡充

9）Lambin (1986)（三浦・三浦訳（1990），4-8頁。）。なお，ランバンは戦略的マーケティングを市場の分析過程と捉えているが，同書の翻訳者の三浦俊彦氏はランバンの主張をより明確に示すために，ランバンが競争力として示している部分を，経営資源の分析としてより具体的に明示した枠組みを示している。三浦の主張に関して詳細は，三浦(2004)，35-37頁を参照。

る消費者の茶系飲料への支持が高くなった時点で,「爽健美茶」というブランドを確立し,圧倒的な規模の自販機流通網という自社の有する強い流通チャネルを活用して[10],緑茶市場ではなく,その周辺市場としてブレンド茶系飲料という新たな市場を普及させた[11]。

キリンビバレッジ,サントリー,アサヒ飲料というビール系の飲料メーカーのうち,キリンビバレッジは紅茶で得た知見もあり,早い段階で緑茶市場に「生茶」というブランドを投入し,伊藤園に対抗する勢力となった。しかし,出遅れたサントリーとアサヒ飲料は緑茶市場の魅力度の高さを重視し,自社の経営資源の弱さを補うために外部資源活用を選択した。サントリーは京都の老舗緑茶店福寿園と提携し,自社にとっての市場の魅力度を高め,「伊右衛門」というブランドを確立し,アサヒ飲料は全国茶品評会優勝(普通煎茶10kgの部)の現在の茶名人,丹野浩之氏を起用し,「若武者」というブランドを投入した。

つまり,伊藤園は缶での販売が一般的であった1980年代から緑茶取扱に関するノウハウという経営資源を有していたので,緑茶市場の魅力度を高く評価していたが,その他の競合他社は経営資源の不足からその魅力度を低く捉えていた。しかし,消費者のニーズが顕在化した段階ではそのニーズへの対応が重要と考え,日本コカコーラ社は伊藤園とは異なる経営資源を生かして競合できる周辺市場を構築し,キリンビバレッジは紅茶で有するイメージ戦略に関する強みを生かしてブランドを立ち上げ,サントリーとアサヒ飲料は外部から自社にない経営資源を取り入れることによって対応し,各社にとっての市場魅力度を段階的に高めていったのである。

---

10) 日本の飲料市場の流通チャネルの特徴に関して詳細は,石川・丸谷(1999),43-50頁を参照。

11) 日本コカコーラも緑茶を発売してはいるが,ラインナップをみても重視しているのはブレンド茶系飲料という周辺市場である。

3 ポートフォリオ計画

ポートフォリオ計画は市場機会分析に基づいて，市場の中で活動する自社の複数の事業や製品・ブランドを，ポートフォリオ（もともと証券投資家が持つ銘柄ごとに書類を区分けしていれられる書類かばんを意味する[12)]）と呼ばれる枠に区分し，自社の有する事業や製品・ブランドの状況を理解しやすくし，前段階で明らかになった経営資源の各事業や製品・ブランドへの配分の程度，基本的な戦略及び目標に関する計画を決定し，実行することである。

ポートフォリオという概念をマーケティングに持ち込んだのはBCG（ボストン・コンサルティング・グループ）であり，BCGが開発したPPM（プロダクト・ポートフォリオ・マネジメント）というポートフォリオを用いた手法[13)]は最も有名である。

BCGは企業が有する事業や製品を，必要投資量に関連性が強い市場成長率と競合他社に対するコスト優位性に関連性が強い相対的市場シェア（シェア1位の場合は2位に対する市場シェアの程度，2位以下の場合は1位に対する市場シェアの程度）の高低という2軸で4つに区分し，各象限の状況を明示するネーミングを行った。

各象限の名称は，市場成長率，相対的市場シェアの双方が高い象限が「花形製品」，市場成長率，相対的市場シェアの双方が低い象限を「負け犬」，市場成長率は高いが相対的市場シェアが低い象限を「問題児」，市場成長率は低いが相対的市場シェアが高い象限を「金のなる木」とした。

このポートフォリオを用いた分析によれば，今後それ程成長が見込まれないが資金を生み出している「金のなる木」から「問題児」の中でも市場成長率が高く，自社の有する事業や製品が市場での地位を改善できる可能性が高いものに資金を回し，「負け犬」は撤退の可能性を検討するという戦略が考えられる。

12）和田（2000），33頁。
13）BCGのPPMに関して詳細は，Henderson (1972) を参照。

図表2－6　PPMの基本戦略

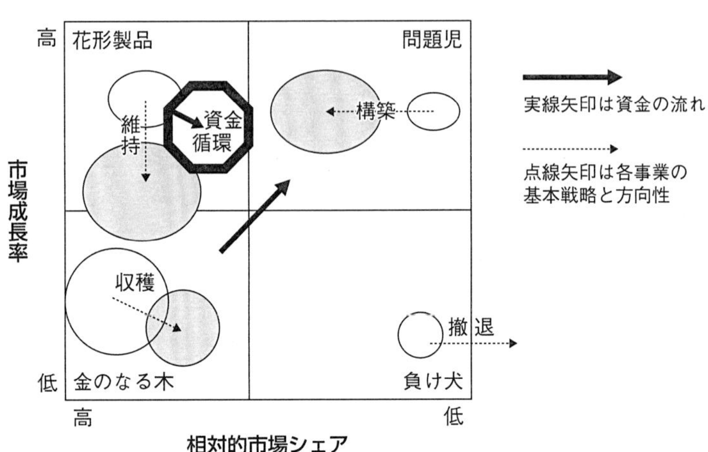

出所：三浦（2004），42頁の図に，筆者が一部加筆修正。

なお，「花形製品」は現在成長してはいるが同時に資金も必要なので，得た資金は「花形製品」の販売促進や改良のために用いられるので循環し，他の象限の製品に回すことはできない（図表2－6参照）。

このポートフォリオを用いた分析方法は，市場の定義，市場成長率の判断方法などの問題点も指摘されているが，その分かりやすさなどの理由によって現在でも最もポピュラーな手法の1つである。

4　競争戦略

ポートフォリオ分析は市場成長率や相対的市場シェアといった要因に基づいて，各事業の基本戦略と経営資源の配分を示した。しかし，各事業は競争にさらされており，他社との競争戦略を示す必要がある。競争戦略としては，ポーターの3つの基本戦略[14)]とアンゾフの製品・市場マトリックス[15)]が有名である[16)]。

14）Porter (1985), pp.11-16.（土岐・中辻・小野寺訳（1985），15-23頁。）
15）Ansoff (1988), p.83.（中村・黒田訳（1990），147頁。）

図表２－７　ポーターの競争戦略

		競争優位のタイプ	
		低コスト	差別化
ターゲットの幅	広	1．コスト・リーダーシップ戦略	2．差別化戦略
	狭	3A．コスト集中戦略	3B．差別化集中戦略

出所：Porter (1985), p.12.（土岐・中辻・小野寺訳（1985），16頁。）

ポーターは他社に対する競争優位のタイプと戦略ターゲットの幅の広狭によって３つの戦略を提示しており（図表２－７参照），各戦略は以下の通りである。

コスト・リーダーシップ戦略は低コストの達成によって競争優位を確立する戦略であり，削減の対象はあらゆるコストである。差別化戦略は，コスト以外の部分によって消費者が欲する何らかの次元で自社を他社と差別化することによって競争優位を確立する戦略である。上記の２つの戦略に対して，集中戦略はターゲットを業界平均より狭く設定し，そのターゲットに経営資源を集中し，最適な戦略を展開することによって競争優位を確立する戦略であり，コスト集中戦略と差別化集中戦略に区分される。

アンゾフは企業の成長の方向性を示す枠組みとして，市場と製品の２軸をそれぞれ新規と既存に分類することによって，４つの戦略に区分しており（図表２－８参照），各戦略は以下の通りである。

市場浸透戦略は既存製品を既存市場に普及させていく戦略であり，具体的には，利用しないと考えていたノンユーザーに働きかける潜在顧客顕在化策，１週間に２回だった商品を３回に増やすといった購入量拡大策，夏しか利用され

16）尾上はアンゾフの４戦略に加えて，原材料業者の統合など前方統合などの統合的成長をあげており，この戦略も１つの成長戦略といえるが，本稿では説明を容易にするためにアンゾフの４戦略を示すにとどめた。統合的成長に関して詳細は，尾上（1995），35頁。

図表２－８　アンゾフの製品・市場マトリックス

	既存製品	新 製 品
既存市場	市場浸透戦略	新製品開発戦略
新 市 場	市場拡大戦略	多角化戦略

出所：Ansoff (1988), p.83.（中村・黒田訳（1990），147頁。）
の表を，筆者が一部修正。

ていない製品を冬にも利用されるようにする新用途の開発策があげられる。

新製品開発戦略は新製品を既存市場に投入していく戦略であり，具体的には，革新的な新製品を開発する革新的製品開発策，改良製品を開発し，旧式から新式の製品への切替を促す切替促進策があげられる。

市場拡大戦略は既存製品を新市場に拡大させていく戦略であり，具体的には，地理的市場の拡大策，子供向け製品を大人向けにも販売する異質なセグメントへの拡大策があげられる。

多角化戦略は新製品を新市場に投入する戦略であり，具体的には，すでに展開している市場と関連した市場に進出する関連多角化戦略，これまで展開した市場と全く関連がない市場に進出する非関連多角化戦略があげられるが，当然，リスクは関連性が高ければそれだけ低くなるので，前者が優先される傾向がある。

アンゾフは上記の４つの戦略を組み合わせることによって長期成長目標が達成されるとしており，どれが最適かといった判断ではなく，自社の経営状況や市場環境を検討した上で，４戦略のバランスを考慮し，どの戦略に経営資源をどの程度投入するのかを，決定することが重要である。

4．マーケティング・マネジメントのプロセス

1 STP

戦略的マーケティングは各製品・ブランドへの基本戦略，経営資源配分及び競争戦略を決定する。各製品・ブランドのマーケティング・マネジメントは上記の決定に基づいて行われる。なお，「市場細分化（Segmentation），標的市場の設定（Targeting）及びポジショニング（Positioning）」は一括して扱われる場合も多く，省略して頭文字をとってSTPと呼ばれることが多い。

Ｓの市場細分化は製品・ブランドの市場を何らかの基準で区分することである。この手法が有効であるための前提は，市場需要が同質でないということであり，企業が有する限られた投入可能な経営資源を，同質でない市場の中から同質のニーズを有するグループを選択し，有効に活用するために，市場細分化が行われるのである。そのため，市場細分化の基準は同質のニーズを有するグループを選択するために測定可能性，接近可能性，利益確保可能性，差別化可能性，実行可能性の５つの条件[17)]を充足する必要がある。

測定可能性は，細分化したグループの規模や購買力が測定できるかということである。接近可能性は，その基準で細分化したグループに４Ｐ戦略が容易に接近できるのかということである。利益確保可能性は，４Ｐ戦略を採用するのに採算の合うような規模の集団なのかということである。差別化可能性は，４Ｐ戦略に対して異なる反応を示し区別可能なのかということである。そして，実行可能性は，細分化したグループに有効な４Ｐ戦略が実行できるのかということである。

具体的な基準は地理的要因，デモグラフィック要因，サイコグラフィック要因，行動的要因に区分される[18)]。地理的要因は国や地域の特性，気候，人口

17）コトラー，アームストロング，恩藏（2014），93-94頁。

18）Kotler (2000), p.140.（恩蔵監訳（2003），326頁。）

密度などであり，デモグラフィック要因は年齢，性別，所得，職業，教育水準，世帯規模などであり，サイコグラフィック要因はライフスタイル，パーソナリティ，社会階層などであり，行動的要因は使用購買頻度，使用購買場所，使用購買用途などの使用購買パターン，製品に対して求めるベネフィット，認知段階なのか，態度形成段階なのかといった購買プロセスの段階などがあげられる。

Ｔの標的市場の設定は細分化で区分された市場のうち，どの市場を選択するのかを設定することである。市場選択の方法は，細分化された市場の多くに参入する分化型マーケティングと細分化された市場の１つに資源を集中する集中マーケティングなどがあり，参入する市場の規模や成長率といった市場に関する要因，自社の当該市場での競争上の位置づけ，戦略的マーケティングレベルで決定された自社の配分可能な経営資源などを考慮して決定される。

Ｐのポジショニングは，選択された市場に自社のブランド・製品をどのように位置づけていくのかということである。競合他社のブランド・製品との差別化だけではなく，ブランド・製品を複数有する場合には自社の製品・ブランド間での棲み分けも重要である。

2　４Ｐ戦略

STPを通じてポジショニングが決定したら，決定した市場に対して有効な４Ｐ戦略を実行する。４Ｐ戦略はマッカーシーがマーケティングの具体的内容である４つの諸要素（マーケティング・ミックス要素）の頭文字をとって示した分類であり[19]，製品戦略（Product），価格戦略（Price），マーケティング・チャネル戦略（Place），プロモーション戦略（Promotion）である。これらの戦略は決定した市場に適しているだけではなく，各要素は他の要素と連動している必要がある。

19）４Ｐの分類についての詳細は，McCarthy (1960) を参照。近年４Ｐに対して，ラウターボーンは買い手の視点から４Ｃを設定するべきであると主張している。４Ｃは顧客価値（Customer value），顧客コスト（Customer cost），利便性（Convenience），コミュニケーション（Communication）であり，それぞれProduct，Price，Place，Promotionに該当するとしている。４Ｃに関して詳細は，Lauterborn (1990), p.26.を参照。

Ⅲ グローバル・マーケティングの枠組み

1．グローバル・マーケティングの枠組み

グローバル・マーケティングは，企業活動の空間的拡大の現代的形態であるグローバル化という市場機会に対応するための戦略的マーケティング及びマーケティング・マネジメントである。図表３－１は，第２章で示した戦略的マーケティング及びマーケティング・マネジメントの枠組みに基づいた企業活動のグローバル化への対応を示したものである。

企業活動のグローバル化という市場機会は，市場のグローバル化，競争のグローバル化，貿易自由化を促進する制度の確立，インターネットの普及といった要因によって誕生した（第１章参照）。企業はグローバル化という活動可能領域の全世界への拡大という市場機会を，自社の企業理念・企業ドメイン及び経営資源を踏まえた上で，自社にとって魅力的であるのかという基準に基づいて市場魅力度を分析し（第２章参照），各社にとっての市場魅力度に応じて参入市場と参入方法を決定する。

BCGが開発したPPMを用いて分析すれば，「問題児」にあたることが多い，自社にとって相対的に高い市場魅力度を有する市場を選択し（参入市場の決定），当初は母国市場の「金のなる木」事業から得ている経営資源を，進出先市場における事業が将来，花形事業に成長する確率の高い参入方式を選択することを通じて配分する（参入方式の決定）。

図表３－２はアジア市場での展開において注目を集めるユニ・チャームの戦略をPPMを用いて分析した図であるが，ユニ・チャームは「金のなる木」である国内事業で獲得した資金を，「問題児」であったアジア新興国市場へと投資する戦略を採用してきたことが分かる。同社は近年では中国や東南アジア市

図表３－１　戦略的マーケティング及びマーケティング・マネジメントの枠組みに基づいた企業活動のグローバル化への対応

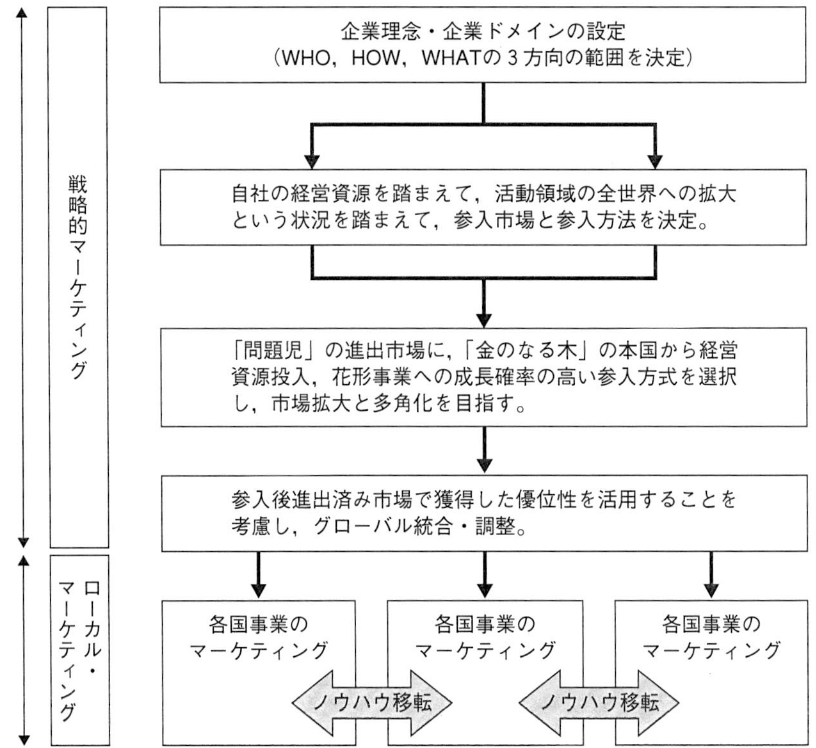

出所：尾上（1995），27頁の図を，三浦（2004），36頁の図及び村松（1994）の内容を参考に，筆者が大幅に修正。

場においても国内同様に乳幼児用おむつで築き上げてきた信用を活かしつつ，生理用品や大人用おむつへ製品領域を拡大した。例えば生理用品では中国市場では温感を保つ加工を促した製品を，インドネシア市場では冷感が続く製品を投入するなどきめ細かい現地適応を行っている。

こうした戦略は日本出身でアジア新興国市場に進出した消費財メーカーの多くが，できれば日本で実績ある製品の仕様を変更せずに，できれば価格を変え

図表３－２　BCGが開発したPPMを用いて分析したユニ・チャームの戦略

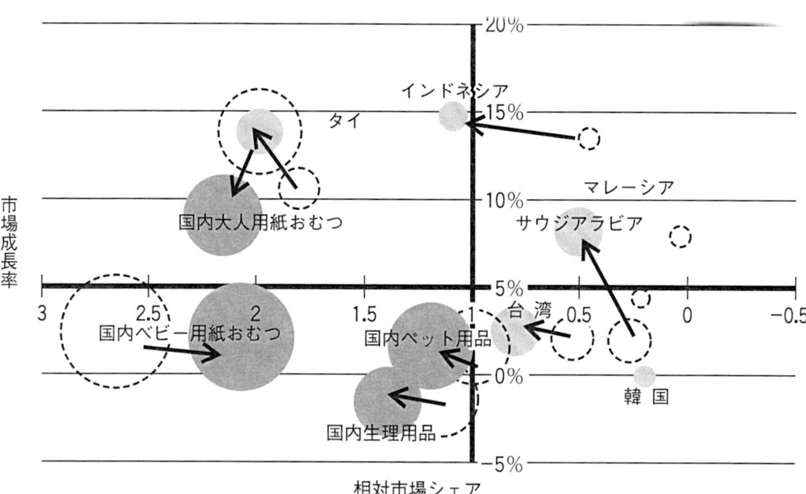

（注）近藤が，矢野経済研究所『マーケットシェア事典』（ペットビジネスに関する調査結果2009），Euromonitor, *Global Market Share Planner 2008: Market Share Tracker*, 5th edition 及び *Consumer International 2009/2010*, データベースサイト「SPEEDA」より作成。
出所：近藤（2011），241頁。

ずに，できれば日本で慣れ親しんだ近代小売を中心に，できれば売れるまでプロモーション投資はせずに実施しようという陥りやすい誤ったやり方とは対照的である[1]。

アンゾフの製品・市場マトリックスを用いて分析すれば，既存製品で外国市場という新市場を狙う場合には市場拡大戦略にあたり，新製品で外国市場とい

1）森辺（2020），135頁。なお，森辺（2020）は欧米出身の先進グローバルメーカーが1980年代にASEANを本気で取り組むべき市場としたのに対し，日本のメーカーはバブル経済とその後の崩壊の時期を経た2000年代に入ってようやくアジア新興国市場を本気で取り組むべき市場として捉えて大幅に出遅れたことや，日本メーカーの成功者といわれるユニ・チャームもASEANでは好調だが，中国とインドではP&Gに後れを取っていることを明解に示しており有用である。

図表３－３　アンゾフの製品・市場マトリックスを用いて分析したヤマダ電機の戦略

<table>
<tr><th>市場
業態／事業</th><th>郊外</th><th>駅前</th><th>地方</th><th>中国</th><th>東南アジア</th><th>インド</th></tr>
<tr><td>小型店</td><td colspan="3" rowspan="4">① 市場浸透</td><td colspan="3" rowspan="4">③ 市場拡大</td></tr>
<tr><td>中型店</td></tr>
<tr><td>大型店</td></tr>
<tr><td>FC</td></tr>
<tr><td>ネット
ショッピング</td><td colspan="3" rowspan="2">② 事業拡大</td><td colspan="3" rowspan="2">④ 多角化</td></tr>
<tr><td>住宅事業</td></tr>
</table>

（注）Ansoff (1957), p.141の表１を参考に，関根が作成。
出所：関根（2014），49頁。

う新市場を狙う場合には多角化戦略といえる。図表３－３はヤマダ電機の事例を製品・市場マトリックスを用いて分析した図であるが，ヤマダ電機は全国津々浦々に展開するネットワークを活かして中古品を回収し，点検・分解・洗浄する自社工場でリユース家電にし，最長２年間の品質保証も行い，アウトレット店で販売するといったことまでも含めた徹底した国内市場浸透戦略や，2022年には大塚家具を吸収合併することによって家具事業への事業拡大戦略を採用している。同時に，東南アジアにおいて一定の成功を収めてきたベスト電器を買収するなどを通じて，将来の市場間でのノウハウ移転も視野に入れた市場拡大戦略を図っている。インドネシアでは新型コロナウィルスの影響で「ベスト電器」ブランドで現地小売企業とのFC展開をやめ一度撤退したが，2022年に今度はヤマダ電機直営の「ベスト電器」ブランドで再参入を果たし，店舗網拡大を目指している。

なお，企業活動のグローバル化という市場機会は，産業によってもかなりばらつきがあり（図表３－４参照），国際化には適切な水準があることも指摘されている[2)]。

グローバル・マーケティングにおける戦略的マーケティングにおいて重要な意思決定である参入市場と参入方式の選択は当初，母国市場と進出市場の国境

図表3－4　市場ごとのグローバル化の相違

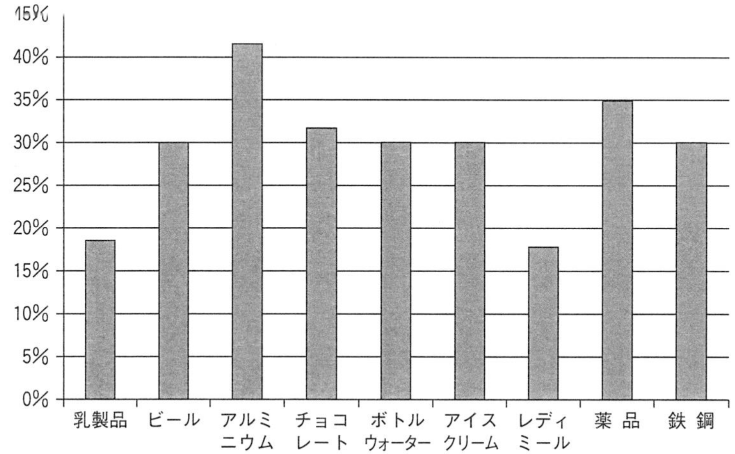

出所：Solberg (2018), p.66.

を超えることによって生じる変化（国際化）を意識して行われる場合も多い。しかし，経験を蓄積し，ローカル・マーケティングにおいて蓄積されたベスト・プラクティスが市場間で移転を相互に行うグローバル・ラーニングを通じて中核事業戦略に反映されていく中で（図表3－5参照），全社レベルでの世界最適地からの経営資源の調達，世界最適地での生産，世界最適地での販売が意識して行われるようになる。

例えば，関西ペイントは各国の子会社の有するノウハウを共有するために，世界36ヵ所にある子会社の代表が集まる会議を実施している。この会議で南アフリカ子会社が南アフリカではヒットしなかったマラリア対策用の防虫塗料を紹介し，マレーシア子会社がこの製品を一部改良しマレーシアでは大ヒットさせ，さらに本国日本を含むその他の市場でも導入されて一定の成功を収め

2）反グローバル化に関して示した国際化の逆U字カーブを用いた議論は注目に値する。詳細は，Buigues, Lacoste and Denis（2015）を参照。

図表3－5　グローバル・マーケティングにおける「ボトム・アップ学習」

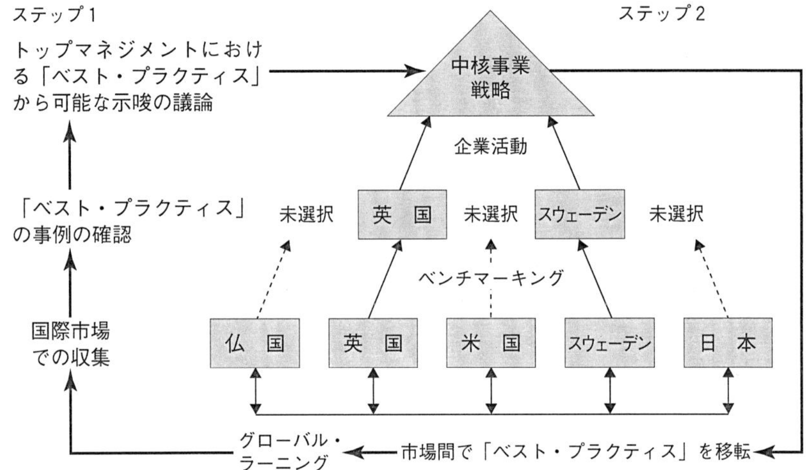

出所：Hollensen (2008), p.429.

た。

こうしたノウハウの移転の動きは社内に浸透しつつあり，同社は世界に拡大した拠点間のシステムやコードを統一し，全世界において調達から販売までのデータを収集できるようにすると同時に，コロナ禍では本社以上にデータ活用が進むインド子会社における消費者に直接販売を行う事例を参考にしながら，収集したデータの活用を積極化しようとしている[3)]。

3）トヨタもマーケティング&販売の知識・ノウハウを各国の実情に合わせて各海外現地法人が活用できるように触媒としての役割を果たすGKC（Global Knowledge Center）を設置した。GKCにおいては世界中のディストリビューター（出身国日本以外）が知見を持ち寄り，ベストプラクティスを他でも活用するために，特に優良なディストリビューターの副社長24名（2008年当時）で組織される「チャンピオンズ会議」を世界中で開催し，『Best Practice Bulletin』というハウス・オーガンが多言語で発行されたり，イントラネットのウェブサイトでeラーニングのカリキュラムを提供したり，さまざまな活動を行った。詳細は，大石（2022）などを参照。

図表３－６　グローバル・マーケティングの枠組み

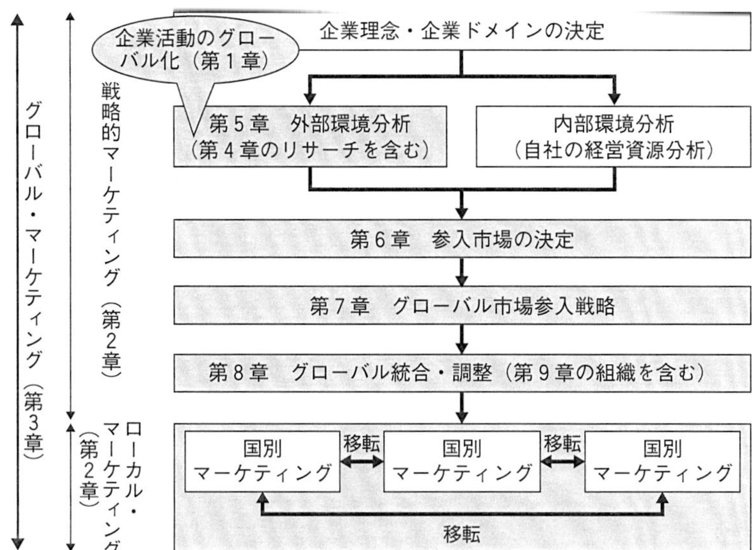

（注）アミの部分はグローバル・マーケティング固有の内容が多い領域である。
出所：富山（2005）の枠組みに，筆者が加筆修正。なお，富山は三浦の枠組みを修正している。三浦の枠組みに関して詳細は，三浦（2000），315-332頁。

グローバル・マーケティングにおける戦略的マーケティングは「企業理念・企業ドメインの決定」「環境分析」「参入市場の決定」「グローバル市場参入戦略」「グローバル統合・調整」の５つに分けられる。

なお，アミで示していない「企業理念・企業ドメインの決定」と「環境分析」のうち自社の経営資源の分析の部分はグローバル市場を意識して行う必要があるが，グローバル・マーケティング固有の領域とはいえないので，図表３－６の中で区分した。

2．グローバル・マーケティングにおける戦略的マーケティング

1 企業理念・ドメインの決定

企業理念は企業が社会的存在として自らを認識し，自社が今日および将来，社会においてどのように活動し，存在すべきかを規定するものであり，企業ドメインは企業の主要生存領域のことであり，当該企業が長期的にどのように社会の中で成長していくのかということを示している（詳細は第2章参照）。

2 環境分析（第4章及び第5章）

環境分析は外部環境分析と内部環境分析に区分できる。そして，前者の分析に際して必要な情報は国外の情報であり，国内のマーケティング・リサーチの手法を基盤としつつも，国外でのリサーチについての多くの留意事項を踏まえて，グローバル・マーケティング・リサーチについて示している（第4章）。

外部環境分析は自社が決定したドメインの中で，企業理念を達成するために，どの国・地域に空間的に拡大していくのかということを決定するのに必要な情報の分析であり，具体的には，マクロ環境である経済環境，金融環境，社会文化環境，政治法律環境，ミクロ環境である競争環境，特定の産業や市場の特徴や規模があげられる（第5章）。

内部環境分析は空間的拡大を果たした国・地域において配置することになる，自社の現在有する経営資源を分析することである。

3 参入市場の決定（第6章）

上記の環境分析を通じて得た情報に基づいて，自社の置かれる外部環境に，どのように自社の経営資源を配分するのかを考慮して，市場細分化（グローバル・セグメンテーション）を行い，標的市場を選定し参入市場を決定するために，ポジショニング戦略を策定する。

4 グローバル市場参入戦略（第7章）

決定された参入市場に対応した参入手法を選択する。参入方式は製品のみを販売する輸出から単独で現地法人を設立する新会社設立による進出まで多様であり，近年では，メガコンペティションに伴う競争状況の変化から，自社が全部門を有するのではなく，他社との協力が成功の前提となり，戦略的提携が重視されるようになった。そして，参入した市場からの撤退についても注目されつつある。

5 グローバル統合・調整（第8章及び第9章）

グローバル・マーケティングの既存研究の多くは，第5章環境分析，第6章参入市場の決定及び第7章の参入方法の決定の部分に該当するグローバル配置に関するものであった。他方，グローバル配置以降の部分であるグローバル統合・調整の部分については，1960年代の「標準化vs適応化」の議論以降議論されてきた。近年では，マーケティング部門だけに適用範囲をとどめないグローバル統合・調整という議論が本格的に行われ，自社だけではなく外部企業も含んだマーケティング技術の移転などを含んだ企業グループのグローバル統合・調整メカニズム，標準化と適応化の相互作用，グローバルとマルチ・ドメスティックの間に地域化といった視点を組み入れるといった内容に収斂されてきている。

グローバル統合・調整を行っていくためには，グローバル・マーケティングの組織が不可欠であり，その組織形態は企業活動の空間的拡大に伴うマーケティング活動の変化に対応して，輸出部，国際事業部，製品別事業部型組織，地域別事業部型組織，グローバル・マトリックス型組織へと変化していき，近年では既存の公式階層型組織の弊害を克服するべく，全く新しい発想の組織が構築されつつある。その代表的な組織がネットワーク型組織，グローバル・ブランド管理組織，グローバル顧客管理組織などである。

Ⅳ グローバル・マーケティング・リサーチ

1．グローバル・マーケティング・リサーチの目的

グローバル・マーケティング・リサーチの目的は，戦略的マーケティングに該当する部分とマーケティング・マネジメントに該当する部分の双方の意思決定を適切に行うための情報を得ることである（第3章の図表3－1参照）。

具体的には，前者は市場細分化，ターゲティング，ポジショニングという参入市場の決定，グローバル市場参入戦略及びグローバル統合・調整に必要な情報であり，マクロ環境に関する情報が中心である。後者は現地でのマーケティング・ミックス戦略の決定に必要な情報であり，ミクロ環境に関する情報が中心である（図表4－1及び第5章参照）。

図表4－1　各国におけるマーケティング・ミックス戦略において必要とされる調査

マーケティング・ミックス	調査のタイプ
製品戦略	①新製品開発のためのアイデアを生み出すためのフォーカス・グループ及び質的調査 ②新製品のアイデアを評価するためのサーベイ調査 ③コンセプトテスト，テストマーケティング ④製品ベネフィット及び態度の調査 ⑤製品フォーミュラと特徴のテスト
価格戦略	①価格感度調査
流通チャネル戦略	①購買パターン及び行動におけるサーベイ調査 ②店舗タイプごとの消費者の態度に関する調査 ③流通業者の態度と政策におけるサーベイ調査
プロモーション戦略	①広告のプレテスト ②メディア習慣のサーベイ調査 ③代替プロモーションタイプに対する反応サーベイ調査 ④代替セールスプレゼンテーションのテスト

出所：Craig and Douglas (1983), p.32. の表を，筆者が一部修正。

2．グローバル・マーケティング・リサーチのプロセス

グローバル・マーケティング・リサーチのプロセスは基本的には国内マーケティングと同様であり，図表4－2の通りである。以下では各プロセスにおける留意点を示していく。

図表4－2　グローバル・マーケティング・リサーチのプロセス

①　必要な情報の確定
↓
②　リサーチ問題の定式化
↓
③　2次データの活用
↓
④　1次データの収集
↓
⑤　データの分析，結果の解釈
↓
⑥　報告書の作成及びプレゼンテーション

出所：Kotabe and Helsen (2001) の第6章（横井監訳（2001），第2章）の内容及びCraig and Douglas (1983), p.27. の図を参考に，筆者が作成。

1　必要な情報の確定

グローバル・マーケティング・リサーチによって獲得される情報は，既述のようにマクロ環境に関する情報からミクロ環境に関する情報まで多様であり，必要とされる情報は本社，地域，現地といったマネジメント主体のレベルや戦略的及び戦術的といった意思決定のタイプによっても大きく異なる。そのため，必要な情報の確定がグローバル・マーケティング・リサーチにおいて重要となる。

2　リサーチ問題の定式化

必要な情報を獲得するためには，必要な情報をリサーチすべき問題に変換する必要がある。例えば，ウォルト・ディズニー社がユーロディズニーを開業した際には，リサーチすべき問題は消費者のキャラクターに対する好み，レジャーに対して求める内容などになる。

こういったリサーチ問題の定式化においては，SRC（自己準拠的判断基準）がしばしば障害となる。例えば，上記のウォルト・ディズニー社はハンバーガー，

ホットドックなどのファストフード産業が発展している米国出身であり，パーク内での昼食は同社のSRCによればファストフードなどの軽食が基本になると考えていた。そのため，現実には，フランス人はパーク内においても時間をかけてしっかりと昼食をとっているにもかかわらず，開業前のリサーチにおける問題の定式化の段階において，昼食は軽食であるという前提で問題を定式化してしまい，昼食をとる施設に関する調査は軽視されてしまったのである[1)]。特に，調査結果が現地子会社の活動に影響を及ぼす場合には，SRCによる誤りを克服するために，問題の定式化段階から現地のスタッフを参加させるべきである。

また，海外の環境に精通していないことがリサーチ問題の定式化において誤った結果をもたらす可能性もある。こうした不確実性を減らすためには，オムニバス・サーベイがしばしば予備調査において利用される。

オムニバス・サーベイは複数の顧客の要請で調査会社が定期的に行う調査であり，大量の消費者をサンプルに実施され，多くの場合，調査サンプルは調査会社が指定したパネルになっている。この調査のメリットはコストの安さであり，顧客は自社の関心のある質問項目を調査に取り入れることにより，質問数は単独で調査を行う場合に比べて限定されるものの，より安価なコストで調査を行ってみることができる（図表4－3参照）[2)]。

3 2次データの活用

リサーチ問題が決定したら，その問題を調査した2次データの存在を確認する。2次データは他の目的のために収集され，既に存在しているデータであり，

1）Keegan and Green (2005), p.201. なお，ユーロ・ディズニーは1996年にディズニーランドパリスと名称変更され，フランス人の好みをとり入れた多くの工夫がなされ，レストランも高品質で高価格のワインが提供されるハイグレードなものに改善されている。ユーロディズニーからディズニーランドパリスへの転換に関して詳細は，Johansson (2009), pp.208-209. を参照。

2）Kotabe and Helsen (2001), p.189.（横井監訳（2001），44頁。）

図表４－３　ニールセンのインドネシア・オムニバス・サーベイ

・調 査 方 法：インタビュー調査。
・対象調査者：15歳以上の男女全階層。
・対 象 都 市：ジャカルタ，バンドン，スマラン，メダン，マカッサル，スラバヤ
（ジャカルタのみ500人，その他の都市各300人）。
・サンプリング方法：層化抽出法によるランダムサンプリング。
・四半期ごとに実施。
・調査内容はニーズによって合わせられる。
・調査内容例：市場構造，利用購買行動，ブランドパフォーマンス及びブランドシェア，ブランド及び広告認知，ブランド・ポジショニング，強み弱み分析，目的に応じた顧客ごとの分析。
・費用（全費用には10％の付加価値税がかかる）
・選択回答式１問につき
結果がエクセル版の場合：5,650,000インドネシアルピー（約５万円）
結果がパワーポイントの場合：7,100,000インドネシアルピー（約6.2万円）
・自由回答式１問につき
結果がエクセル版の場合：7,100,000インドネシアルピー（約6.2万円）
結果がパワーポイントの場合：8,550,000インドネシアルピー（約7.4万円）
・プレゼンテーションが必要な場合5,650,000（約５万円）+10％付加価値税が必要。
・各顧客からカテゴリーごとに最低３問最大20問。質問数は各カテゴリーごとに計算される。
同一顧客からの異なるカテゴリーの質問は個別に取り扱われる。

・2016年スケジュール

	第１四半期	第２四半期	第３四半期	第４四半期
参加及び質問票確認	１月２－23日	４月１－17日	７月１－31日	10月１－18日
準備（質問及び分野）	１月26日－２月４日	４月20－29日	８月３－７日	10月19－28日
調査開始	２月５日	４月30日	８月８日	10月29日
調査終了	２月22日	５月17日	８月23日	11月15日
データ準備	２月23日－３月６日	５月18－28日	８月24日－９月３日	11月16－26日
データ表送付	３月９－13日	５月29日－６月５日	９月４－10日	11月27日－12月４日
全報告送付	３月31日	６月30日	９月30日	12月27日
プレゼンテーション	４月第１－２週	７月第１－２週	10月第１－２週	2017年１月

（注）上記費用は，ニールセンのインドネシアオフィスへ直接お申込みいただいた場合の費用である。
出所：ニールセンに提供頂いた内容に基づいて，筆者が作成し，許可を得て掲載。

自社が独自に新たに調査を行って得る１次データに比べて迅速に入手可能な上，相対的に安価である。

２次データの代表的なものは，政府の国勢調査（センサス），国際連合（UN），世界銀行（IBRD），経済協力開発機構（OECD），国際通貨基金（IMF）などの国際機関によって提供される刊行物，業界団体によって発行される統計，ユー

ロモニター（Euromonitor），エコノミスト・インテリジェンス・ユニット（Economist Intelligence Unit）などのビジネス情報の専門調査会社によって発行される年鑑などである。

インターネットは上記の既存の情報源以外にも多くのNGO，シンクタンク，民間調査会社にとって安価での情報提供を可能にし，２次データの利用を拡大させている[3)]。例えば，MarketResearch.com（http://www.marketresearch.com）は世界350以上の出版社から継続的な情報提供を受け販売を行っている。

また，決定したリサーチ問題を調査した２次データが存在しない場合にも，２次データの加工を検討する必要がある。例えば，過去のデータや異なる指標が存在すれば，必要とする結果をある程度推測できる場合もある。

２次データの活用は有用な手段であるが，異なる情報源から得られたデータの比較に関してはデータの定義などを十分に確認し，データの評価を体系的に行う必要がある[4)]。特に，発展途上国に関する２次データは先進国に比較して，その信頼性，調査頻度，比較可能性，時系列性，調査範囲などの問題点も多く[5)]，発展途上国では地下経済が大きくセンサス・データが真の状況を示す程度が小さい場合もある（図表４－４参照）。また，特定の製品やブランドレベ

3）Malhotra and Peterson (2001), p.223. なお，世界銀行が発行し幅広く利用されてきた報告書『ビジネス環境の現状』において2018年版で中国の順位に関して，2020年版でサウジアラビアの順位に関する不正が報告され，2021年に世界銀行は報告書を一旦廃止した。詳細は，世界銀行のホームページ（https://www.worldbank.org/ja/news/statement/2021/09/16/world-bank-group-to-discontinue-doing-business-report）を参照。

4）グローバル・マーケティングにおける２次データの体系的な評価に関して詳細は，Malhotra, Peterson and Kleiser (1998), pp.185-228. を参照。

5）例えば，インドのセンサスは2011年の前のものは2001年版であり，その調査範囲が大幅に拡大するなど調査の精度は向上しているとみられるが，頻度の少なさ，調査範囲の変更に伴う時系列性など発展途上国の２次データに関する典型的な問題を含んでいるといえる。なお，インドのセンサスの問題点など，インドに関する調査の困難さならびに留意点に関して詳細は，Hollensen (2011), p.190を参照。他方，中国インドを含む巨大新興国においては2000年以降，ニールセンなどが先進諸国並みの消費者パネル調査を実施しており，契約者に対してはシンジケートデータのセットとして販売されている。

図表４－４　地下経済（Shadow Economy）の地域別規模（対GDP比）

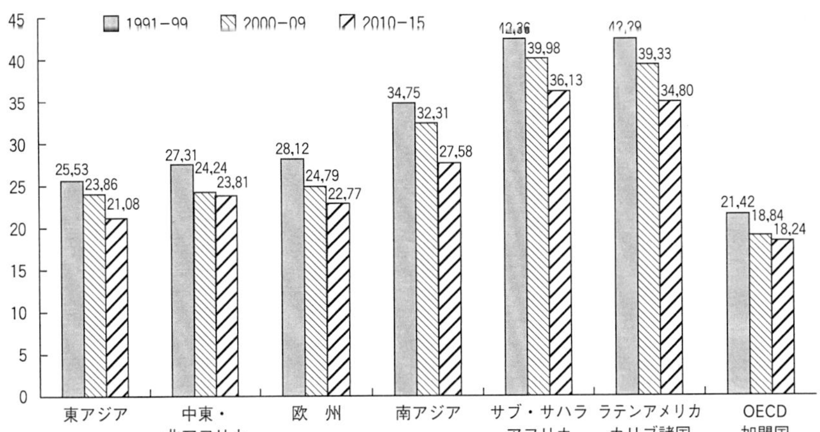

（注）データは158か国のものである。
出所：Medina and Schneider (2017), p.22.

ルのデータが２次データによって得られる可能性は少ない（図表４－５参照）[6]。

上記の問題点を踏まえて，２次データの価値を検討し，活用する必要がある[7]。２次データは，本格的な１次データ収集を行うかどうかの対費用効果を検討するためにも用いられる[8]。

4　１次データの収集

１次データは調査者自身がその調査目的のために固有の方法で採取するデータのことであり，１次データの収集が必要と判断された場合，１次データの収集は図表４－６のように定性的調査において明らかにされた課題や仮説を，定量的調査であるサーベイ調査で明確にしていく。

6）諸上・藤沢（1997），62頁。
7）Kotabe and Helsen (2001), pp.193-195.（横井監訳（2001），47-50頁。）
8）Kumar (2000), p.60.

図表４－５　１次データと２次データの有用性の相違

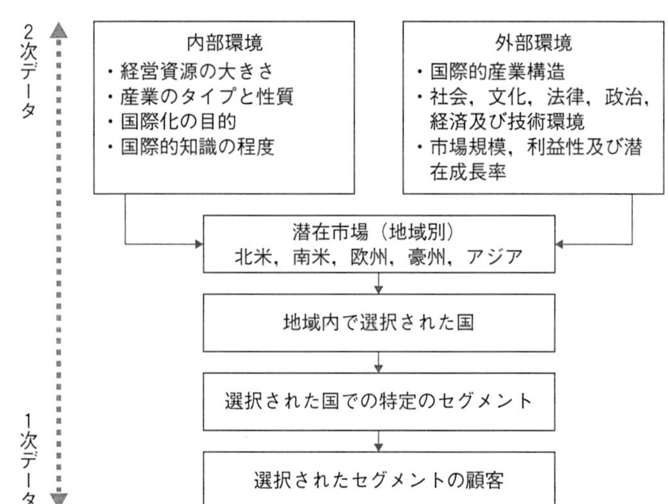

出所：Lee and Carter (2009), p.178. の図を，筆者が一部修正。

図表４－６　１次データの収集プロセス

①定性的調査手法の決定：探索型，記述型，因果型といったリサーチ手法の組み合わせを検討。

↓

②データの等価性の検討：構成概念，測定，サンプリング，分析の各段階でデータの等価性を確保。

↓

③定性的調査の実施：具体的な調査方法の検討，調査実施。

↓

④サーベイ調査の実施：具体的な調査方法の検討，質問表の作成，尺度開発，サンプリング，調査実施。

出所：Kumar (2000), p.54. の図の内容に，筆者が一部加筆修正。

①　定性的調査手法の決定

第１段階は探索型調査，記述型調査，因果型調査といったリサーチ手法の組み合わせの選択である。探索型調査は事業機会の発見などのために主に用いられる調査である。調査範囲が広範であるために，他の調査手法に比べて，結果があいまいになる傾向がある。記述型調査は発見された機会の詳細を記述することによる理解などのために主に用いられる手法である。あくまでも記述が目的であり，問題解決のための仮説を示すことは目的としていない。因果型調査は既に明確となった問題に対してより厳密な解決策を示すために，問題に関連する要因間の因果関係を精密に示すために用いられる手法である。

3つの手法の目的はそれぞれ異なっており，企業に対してもたらす効用も単なる戦術的な内容から戦略的かつ長期的な内容まで多岐にわたる。本来これらの3つの調査手法は相互補完的な役割を有するにもかかわらず，既存のグローバル・マーケティング・リサーチの多くは本質的には記述型であり，探索型調査は企業の重大な決定を行うに際して十分とはいえないし，因果型調査も時間と資金がかかりすぎるといった理由で十分になされてこなかった[9]。

② データの等価性の検討

複数国を対象にしたマーケティング・リサーチにおいては，自己基準や文化の相違に基づいて生じるさまざまな思い込みや偏りが，各国で収集されたデータが同じ価値を有するという比較の前提条件となるデータの等価性を損なう可能性が高く，データの等価性の検討は国際比較を行うに際して不可欠な問題である。

データの等価性の検討に際しては，調査されるデータの構成概念，調査される概念の測定方法及び調査されるサンプルの等価性など[10]について考慮する必要がある（図表4－7参照）。

調査されるデータの構成概念の等価性に関して考慮すべき点は，調査される製品やサービスの機能の相違などである。例えば，自転車はアメリカでは主にレジャー用として利用されるが，中国やインドでは主に移動手段として利用される。

調査される概念の測定方法の等価性に関して考慮すべき点は，尺度の相違な

9）Kumar (2000), p.124.

10）文化の相違などによって生じる等価性の問題については，リサーチ問題の設定，データ分析の部分でも指摘されている。リサーチ問題の設定での等価性の問題に関して詳細は，Malhotra and Bartels (2002), pp. 65-79. を参照。データ分析の等価性に関して詳細は，Kumar (2000), pp.135-138.を参照。

図表４－７　等価性のタイプ

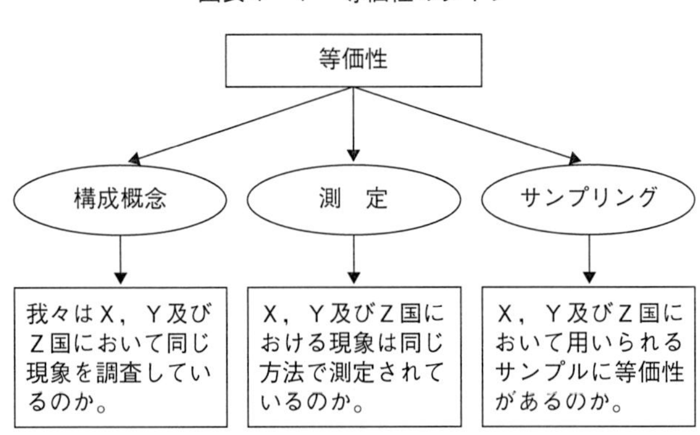

出所：Kumar (2000), p.61.

どである。例えば，日本や英国ではメートル法が主に用いられているが，米国ではメートル法とヤード法が併用されている。また，アメリカでは質問表は５点尺度あるいは７点尺度が普通であるが，フランスでは12点尺度が用いられることが多い。そして，尺度が10点尺度という風に同じであったとしても，ラテンアメリカではスコアの両端が選ばれることが多く，英国出身者やアジアの人々は中間のスコアを選択する傾向がある[11)]ことも考慮すべきである。

調査されるサンプルの等価性に関して考慮すべき点は，サンプリングすべき対象の相違などである。例えば，玩具の購入に際して，その決定者は主に子供である場合と主に親である場合がある[12)]。

11）Mitchell (1999), p.19. 極端な回答スタイルに関しては最近も研究がなされており，個人主義，不確実性回避性及び男性性と肯定的に相関していることが示されている。詳細は，de Jong, et al. (2008), pp.113-114. を参照。なお，回答スタイルに関しては，第２言語での回答の方が第１言語での回答よりも激情的に回答するアンカー・コンストラクション効果（ACE）や，ブラジル，インド，イタリア，韓国は肯定的な回答をする傾向が強く，オランダ，韓国，日本は否定的な回答をする傾向が強いことが示されている。ACEに関して詳細は，de Langhe, Bart, et al. (2011), pp.372-373. を参照。国ごとの回答の傾向に関して詳細は，Tellis and Chandrasekaran (2010), pp.333-334. を参照。

12）Kumar (2000), p.136.

データの等価性の問題は重要であるが，国際比較を重視するあまりエティック志向に陥ってはならない。グローバルあるいは地域本社の主な調査目的は自社の製品やサービスが既に受け入れられている市場と調査対象市場の共通性の確認であり，調査方法としては一部の差異をあえて無視してでも共通性を重視するエティック志向に基づく手法を選択しがちになる。

しかし，複数国を対象にしたリサーチの多くは現地の子会社と協力して行う場合が多く，現地子会社の調査目的は自社が対象とする現地市場の特異性の確認であり，調査方法としては各国の態度や価値観の差異を重視するエミック（イーミック）志向に基づく手法を求める傾向にある。

この視点の相違は「エミック／エティック・ジレンマ」と呼ばれるが[13)]，この相違は調整される必要があり，調整はグローバル及び地域本社と現地子会社が参加して行われるべきであり，各参加主体の意見がしっかりと反映されるように，調査資金も互いに分担する必要がある[14)]。

③　定性的調査の実施

定性的調査は個人へのインタビュー調査，フォーカス・グループ調査，観察調査に主に区分できる。個人へのインタビュー調査は対象が専門家や特定事例に関するオピニオンリーダーであるため，特定の事柄について深い情報を獲得することができる。事前に対象者をしっかり選定してあれば，電話でのインタビューも可能であり，調査費用は比較的安価である。

フォーカス・グループ調査は座談会形式の小集団面接調査であり，モデレーターが提示した話題について対象者がディスカッションを行う。この調査は世代性別などが同質属性の対象者に行われるため，参加者の相互作用が生まれやすく，結果として短期間で多くの情報が獲得でき[15)]，さらに他者の意見に対

13）エミック／エティック・ジレンマに関して詳細は，Craig and Douglas (2005), pp.180-188. を参照。なお，彼らはジレンマ解消のモデルとして適合エティック・モデル（the adapted etic model）と統合エミック・モデル（the linked emic model）という双方の視点からのモデルを提示している。

14）Kotabe and Helsen (2001), pp.214-215.（横井監訳（2001），70-71頁。）

する反応も確認できる[16]。この手法は参加者間の議論が活性化することが重要なため，議論を取り仕切るモデレーターの選択が非常に重要である。そして，獲得した調査結果を分析解釈するリサーチャーはイントネーション，声の抑揚，表現方法及びジェスチャーなど具体的な言葉で示されていない内容からもさまざまなことが発見できる[17][18]。

観察調査は対象者の行動をカメラやビデオなどの道具なども用いて記録する。この調査は以前に直面したことがない習慣や慣行への理解を深めるために主に用いられる。例えば，ロレアルは中国人女性の髪の手入れ習慣の実態を知るために訪問調査も行っている。この調査から水の供給が不足している地域において，水を節約するためにボールに水をためて洗髪している実態が分かり，同社は泡がすすぎやすい新たなシャンプーを開発した[19]。

④　サーベイ調査の実施

サーベイ調査は調査方法を選択し，質問表を作成し，尺度を開発し，サンプ

15）フォーカス・グループ調査は1時間半から2時間が一般的であるが，4時間以上や場合によっては週末といったふうに長期間をかけてグループに対して調査を行うクリエイティビティグループ調査という手法も一部の企業で行われている。この手法に関して詳細は，Craig and Douglas (2005), pp.230-233. を参照。

16）酒井（2005），90頁。

17）Greenbaum (1996), p.H14 and p.H36.

18）インターネットを用いた調査はオンライン・パネルを125か国以上で展開するハリスポール社が2014年にニールセン傘下に入るなど，フェイスブックなどソーシャル・メディアを含めた広範な利用が促進されてきている。オンラインでのフォーカス・グループに関しても従来，技術的な問題が指摘されてきたが改善されつつある。従来指摘されてきた問題点に関しては，Greenbaum (2000), p.34. を参照。

19）ロレアルのこうした取り組みについて詳細は，Kotabe and Helsen (2007), p.204. を参照。また，マハジャンは，非常に多様な具体的な事例を用いてアフリカ市場の大いなる潜在性について示した著書の序文において，ジンバブエにおけるユニリーバの重役たちとの会議の席で，消費者の家庭を訪問して1日を共に過ごし，彼らがどのように商品を消費するのかを経験する取り組みを「消費者サファリ」という言葉で示し，市場機会発見のための現地での経験の重要性を指摘している。消費者サファリに関して詳細は，Mahajan (2009), p.xii.（松本訳（2009），6頁。）を参照。

図表4－8 調査対象国の状況に応じた適切な調査方法

調査対象国の状況	面接調査	電話調査	郵送調査	ネット調査
自宅へのアクセスの容易さ	○			
訓練された大量面接者利用の容易さ	○			
電話の普及率の高さ		○		
電話帳の利用の容易さ		○		
住所録の利用の容易さ			○	
Wi-Fi利用の容易さ				○

出所：Malhotra et al. (1996), p.17. の表の枠組みを参考に筆者が作成。

リングを行った後に実施される。

調査方法は，面接調査，電話調査，郵送調査及びネット調査に主に区分でき，近年ではネット調査が普及しつつある。図表4－8は異なる文化の諸国間における各調査方法の優位性について示しているが，適切な調査方法は対象とする諸国の状況に応じて異なるので，各調査方法の優位性を考慮することが既述のデータの等価性を確保するために非常に重要となる[20]。

質問表の作成は質問構成の決定，質問内容の決定及び質問の表現方法の決定（ワーディング）によりなされる。これらの決定は国内の調査においても重要であるが，特に複数国間で行われる調査においては，翻訳の共通性が既述のデータの等価性の確保のためにも重要であり，逆翻訳や委員会翻訳（committee translation）という手法が一般的に用いられる。

逆翻訳は，日本語版が原版だとすればその原版を他の言語に訳した後，バイリンガルの翻訳家に依頼して再び訳した言語を原版である日本語に翻訳し直した後，原版と再翻訳の結果できた版を比較し，誤字や翻訳ミスを発見し，双方が同じになるまでこのプロセスを繰り返すというものである。

委員会翻訳は，並行翻訳と分担翻訳に分けられる。並行翻訳は同じ質問表を複数の翻訳家を使って独立に進めた後，翻訳家が集合して各版の相違を比較し，調整していく。分担翻訳は翻訳量が多い場合に利用される手法であり，２人の

20）Malhotra, Agarwal and Peterson (1996), pp.16-17.

図表４－９　協同による反復的質問票翻訳

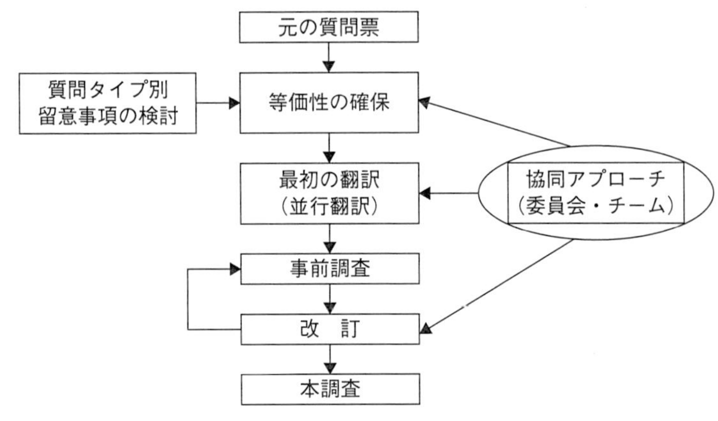

出所：Douglas and Craig (2007), p.40. の図を，筆者が一部修正。

翻訳者とレビュアー１人が最低限必要とされる。翻訳者は分割された自身の担当部分のみを翻訳し，レビュアーが集まってきた翻訳を検討し，翻訳家と調整していく[21)]。

逆翻訳は手軽であり，マーケティング調査において最もポピュラーな手法であるが，等価性などにおいて問題が指摘されており[22)]，特にデータの等価性を確保するのが困難な行動や態度に関する項目を含む場合には，委員会やチームを用いたアプローチを用いる方が好ましいといえる（図表４－９参照）。

尺度の開発もデータの等価性確保において非常に重要であり，尺度は特定の質問を行うことによって得た平均からの偏差を測定することによって調整するなどの工夫が必要である[23)]。

サンプリングは確率抽出法を用いることが望ましい。しかし，この手法を用いるためには電話帳や住民基本台帳などの抽出台帳が必要とされ，調査対象国

21）Craig and Douglas (2005), pp.257-258.

22）逆翻訳については問題点も指摘されている。逆翻訳の問題点など質問表の翻訳に関して詳細は，Harkness (2003), pp.35-56. を参照。

23）Kotabe and Helsen (2001), pp.197-198.（横井監訳（2001），52-53頁。）

によっては抽出台帳が得られるとは限らない。そのため，非確率抽出法[24]を選択することが最善である場合もある[25]。しかし，この方法で得られた情報は，サンプルを抜き出した元の集団の情報の誤差を統計学的に推定できないことを認識しておく必要がある。また，多くの諸国間で行われる調査の場合，諸国文化の多様性によって必要なサンプル数が異なる。インドのように多様な文化が存在する国では，タイや韓国のように同質的な文化が存在する国に比べて必要とされるサンプル数は多くなる[26]。

データの収集においては，収集する人材の選択，訓練，監視及び評価が重要となる。多くの諸国，特に発展途上国においては，信頼するに足る調査会社が十分な数存在するケースは少ない。したがって，現地の状況に精通している現地調査員を採用し，訓練し，任せることも必要となる。現地調査員に任せると標準化されていない多くの報告が集まることになるが，手間をかけて調整すれば，誤ったデータの収集を回避できる[27]。

5 データの分析，結果の解釈

収集されたデータは分析を容易にするために，編集，コード化及び調整される。特に調査が多くの国で行われた場合，データの信頼性が確保されているとは限らないため，データの収集が終わり，結果の解釈の直前であるここでの調整は等価性確保のために非常に重要となる。調整はデータに加重値を与えるウエーティング，変数の再定義化，尺度の変換などを通じて統計的に行われる。

データ分析の手法は国内調査と同様に，一変量分析においてはクロス集計，T検定（平均値の差の検定）及び分散の分析などの手法が用いられ，多変量解析に

24）非確率抽出法の主な手法としては，判断抽出法，スノーボールサンプリング，簡易抽出法，クォータサンプリングがあり，その他に，確率抽出法と割当抽出法を組み合わせる手法もある。

25）Kumar (2000), p.222.

26）Malhotra, Agarwal and Peterson (1996), p.27.

27）Semon (1997), p.28.

おいては重回帰分析，コンジョイント分析，因子分析などの手法が用いられる。

データの分析レベルは個人レベル，国家あるいは同一文化単位内レベル，国家及び文化単位間レベルの３層で行うことができる。個人レベルの分析は個人データ全てをまとめて解析するのではなく，個人A，個人Bのように各人の識別をしっかり行った後に分析しなくてはならない。そのためには，各人の識別を行う個々人の相関性を見るために行われる回帰分析などは母集団50以上の有効サンプル数といった条件があり，この分析を行うのに十分な有効サンプル数を集めるのは難しい場合もあるので，既述のサンプリングにおける問題点を認識した上で非確率抽出法を利用することも多い。

国家あるいは同一文化単位内レベルの分析は各国あるいは各文化単位の特徴を把握するために行われ，データは各国あるいは各文化単位ごとに分析される。国家及び文化単位間レベルの分析は，国家あるいは文化単位間の類似性や相違を把握するために行われる。手法としては，国家あるいは文化単位を超えた全てのデータを集めて国あるいは文化単位を超えた集団の傾向を一括して分析する全文化型分析（Pan-cultural analysis）と国ごとにデータを集めて各国の類似性や相違を分析する国家横断型分析（Cross-cultural analysis）の２つに区分できる。後者の分析の場合には，国の特徴を示すデータの平均値の差，分布の差及び分散の差についても注目するべきである[28)]。

分析されたデータは，最終的には解釈者によって多くの知識や経験を用いて解釈される。

6 報告書の作成及びプレゼンテーション

結果の解釈の後，報告書が作成され，多くの場合，口頭でのプレゼンテーションがなされる。そして，各企業は調査で獲得した情報を自社のマーケティング・インテリジェンス・システムに蓄積し，この自社のマーケティング・リサーチの結果であるインテリジェンスを活かして，自社の属する産業，自社の取

28）Malhotra, Agarwal and Peterson (1996), p.34.

り扱う製品，自社のビジネスモデルに合わせた自社独自の指標を開発すべきである。こうした指標は国際的な経験が豊かになれば，自社の状況に的確に対応できるものとなり，重要な財産となる。

V 環境分析

1．環境要因の分類

図表5－1　グローバル・マーケティング環境

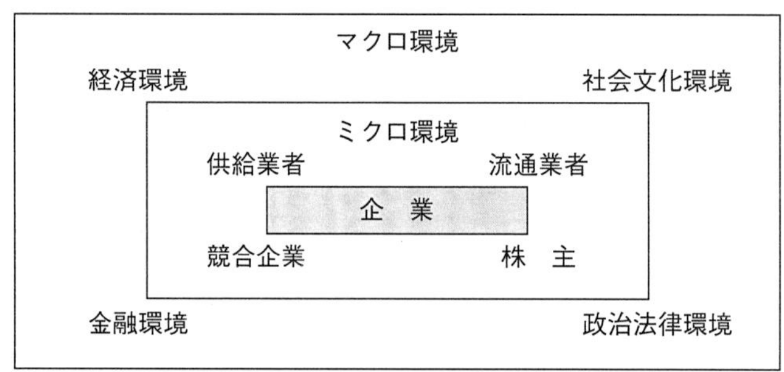

本章で扱う環境分析は既述の通り外部環境の分析であり，内部環境は含まない。外部環境はマクロ環境とミクロ環境に分けられる（図表5－1参照）。

マクロ環境は1つの社会や国ごとに存在し，その社会や国を説明する自社が統制不可能な要因であり，経済環境，金融環境，社会文化環境，政治法律環境などがあげられる[1)2)]。

ミクロ環境は1つの産業や市場ごとに存在し，その産業や市場を説明する，

1）マクロ環境分析の枠組みに関しては論者によって多様であるが，本書は筆者が翻訳にもかかわったコタベ・ヘルセンの枠組みに主に依拠し，一部修正している。コタベ・ヘルセンの枠組みに関しては，Kotabe and Helsen (2001)（横井監訳，2001）を参照。なお，横井監訳版は市場への流通を意識してかなり内容を厳選して章を大幅に絞っているが，2010年に栗木監訳で出版された第4版の翻訳版は高額にはなったがより幅広い内容が訳されており有用である。

ある程度統制可能な要因であり，競争環境，特定の産業や市場の特徴や規模などがあげられる[3]。競争環境は各社の活動する市場における企業数，主要競合企業の状況などがあげられ，特定の産業や市場の特徴や規模は各社が所属する業界の動向や取り扱い製品の現地での販売状況，消費者の購買頻度，利用状況などがあげられる。ミクロ環境は各社によって異なり，多様であるので，本章では多くの企業にとって共通して重要であり，検討が不可欠である，マクロ環境に関して主に検討していく。

2．各環境要因

1　経済環境

経済環境の指標としては，各国の経済規模，経済成長率，所得分布，産業構造などがあげられる。

各国の経済規模は一般的に一定期間内に国内で生み出された付加価値の総額であるGDP（国内総生産）で示され，経済成長率はGDP成長率で示される[4]。

2）マクロ環境分析の有名な枠組みとしては，各環境要因の頭文字をとって，PEST，SLEPT，STEEPLEなどがあげられる。3分類はいずれも経済（Economic）と社会文化環境（Social&Political），技術環境（Technological）を統一して同一区分に分類している。第1の相違は政治法律環境（Political&Legal）の扱いであり，PESTが1区分にまとめているのに対して，SLEPTとSTEEPLEは2つに区分している。第2の相違はSTEEPLEがエコロジカル環境（Ecological）と倫理環境（Ethical）を加えている点である。リー・カーターはエコロジカル環境を重視し，マクロ環境の外に区分している。リー・カーターの区分ならびに環境要因の区分に関して詳細は，Lee and Carter (2009), pp.39-40.及びLee and Carter (2012), pp.40-42.を参照。なお，アロンらは文化を入れていないなど上記3区分とはかなり異なる区分PESTEL（Political, Economical, Social, Technological, Environmental, Legal）を示している。詳細は，Alon, Jafee and Vianelli (2013), pp.36-37.を参照。

3）小坂はグローバル・マーケティングの環境要因分析に共通性と差異性という概念を導入し，詳細に分析を行っている。この概念の導入については賛否が分かれたが，小坂の環境要因に関する考察自体は有用である。詳細は，小坂（1997）を参照。

先進国市場は発展途上国市場に比して，GDP総額は大きいが，競争環境は既に厳しく，成長機会は限られているので，GDP成長率は特に今後の市場参入先を選定する際には重要な要因となる。

所得分布は「マーケティングの標的顧客がどの程度存在するのか」を見極めるには重要な要因となる。人口が多い国のGDPは当然大きくなる傾向にあるので，どのように所得が分布しているのかは重要な指標である。

１人当たりGNI[5)]による所得グループ群に分けた分類によれば，地球の北１/３に位置するトライアドを構成する世界人口の約15％を占めるに過ぎない高所得国に65％の富が集中分布し，南北回帰線の間の熱帯地方でコーヒー栽培が可能なコーヒーベルトと呼ばれる地域に位置する諸国群には富がほとんど分布していないことが分かる[6)]。特にサブサハラ・アフリカ諸国の多くが低所得国を構成していることが分かる（図表５－２参照）。

富の偏在傾向は，各国の所得の平準度を数値として示したGINI係数にも表れており，中国のGINI係数は1985年に0.331であったが，改革開放政策が進展するにつれ大きくなり続け，2008年には0.491と１に近づいていった。2009年以降は政府が中間階層を生み出すべく格差対策を講じたこともあり，2015

４）スペイン大手銀行グループBBVA傘下のリサーチ会社が2010年に提示した，今後10年間の世界経済成長への寄与度が高い諸国を分類したEAGLEs（G7から米国を除いたG6諸国の平均GDP成長率よりGDP成長率が高い諸国）とEAGLEs'Nest（G6諸国のうちGDP成長率が最低の国よりもGDP成長率が高い諸国）という分類はGDP成長率のみに注目しており明快であり注目に値する。

５）GNI（国民総所得）はGNPを分配の面から見た指標であり，１国における一定期間の経済活動規模を貨幣価値で表した指標の１つであり，国内総生産（GDP）に海外からの純要素所得，例えば海外での出稼ぎ労働に対する賃金や対外資産負債から生ずる財産所得の受取支払を加えたものである。しかし，GNIとGDPの差はそれ程大きくないので，全世界の所得分配を見る際には一部の例外を除いてそれほど影響はない。

６）世界の所得分布については，世界銀行のホームページ（http://data.worldbank.org/indicator/NY.GNP.PCAP.CD/countries?/1W?display=map）を参照。なお，地球の南1/3に位置する諸国群に関しては，コーヒーベルトとは異なる高付加価値の一次産業が形成されている。

図表５－２　１人当たりGNIによる国別分類

	１人当たりGNI	国　数	特　徴
高所得国	12,696ドル以上	80か国	先進諸国が区分。
中の上所得国	4,096－12,695ドル	55か国	新興国の多くが区分。インド以外のBRICS，メキシコ，コスタリカ，タイ含む。
中の下所得国	1,046－4,095ドル	55か国	サブサハラ・アフリカ，東アジア及び太平洋諸国多数。インド，ベトナム，ボリビア含む。
低所得国	1,045ドル以下	27か国	サブサハラ・アフリカが多数。アフガニスタン，北朝鮮，シリア，イエメン含む。

（注）１．2020年７月１日に提示された分類である。
２．2019年分類から2020年分類で上位分類に上昇した国はベナン，ネパール，タンザニア（低→中の下），インドネシア（中の下→中の上），モーリシャス，ナウル，ルーマニア（中の上→高）である。
３．2019年分類から2020年分類で下位分類に下降した国はアルジェリア，スリランカ（中の上→中の下），スーダン（中の下→低）である。

出所：世界銀行ホームページ（https://datahelpdesk.worldbank.org/knowledgebase/articles/906519-world-bank-country-and-lending-groups）による。

年の0.462まで縮小した。しかし，2016-2018年は再び拡大に転じ，2019年若干縮小し，2020年再び若干拡大し46.8となっている。

国内における格差の問題も指摘されており，国内格差を示す国連人間開発計画の2000年－2017年のデータによって示されたパルマ比率（上位10％の所得層が得ている所得と下位40％の所得の比率）によれば，先進国では米国が2.0と高く，地域では資源輸出国が多いラテンアメリカとアフリカが相対的に高く，相対的に低いアジアの中では中国が2.1と高い。中国は先富論でこれまで発展し，段階的に格差是正も行ってきたが，2021年には中国の習近平国家主席が国内での格差是正を促進するために共同富裕政策を発表し，富裕層に寄付を促し，アリババ，テンセントなど近年政府からの取り締まりが強まっていた大手IT企業が敏感に対応した。

産業構造はペティ＝クラークの法則によって説明されることが多い。この法則は経済社会・産業社会の発展につれて，第１次産業から第２次産業，第２次

図表５－３　トライアド，コーヒーベルト及び高付加価値一次産品供給地域

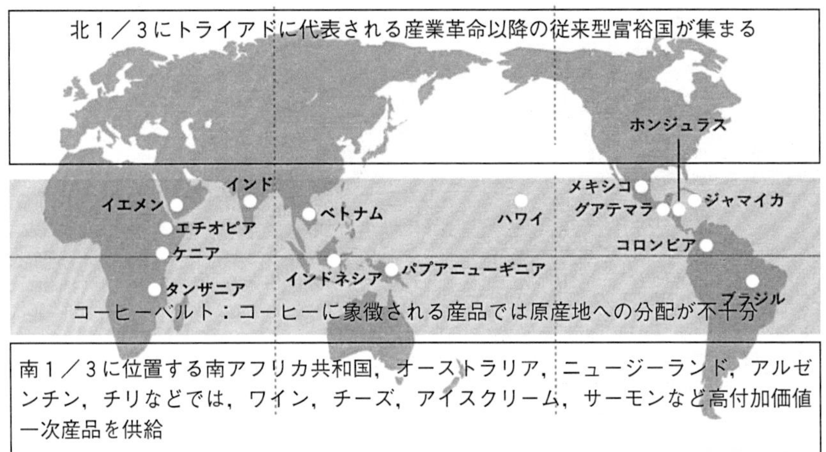

から第３次産業へと就業人口の比率及び国民所得に占める比率の重点がシフトしていくという内容である。この法則は経済の発展モデルとして現在でも有用であり，産業構造を確認することによって，進出国の今後の発展の方向性を検討する材料になるといえる。

しかし，アルゼンチン，チリ，オーストラリア，ニュージーランド，南アフリカなど高付加価値の商品を提供する一次産業が形成されている地域（図表５－３参照）[7]，インドのように[8]第４次産業ともいわれるIT産業が他の産業に先行して発展する地域のように，従来の発展モデルとは異なる新たなモデル[9]による発展が現実化する中で，従来の産業発展モデルに関しては再検討が

7）高付加価値の商品を提供する一次産業に関して詳細は，星野（2007）を参照。

8）二階堂（2013）は，途上国の発展モデルの典型であるペティ＝クラークの法則，ルイスモデルやフェイ・ラニスモデル，トダロモデルがインドには当てはまらず，農業部門に余剰労働力を残したまま，サービス部門が経済成長を牽引する状況について言及している。

9）川畑（2006）は，ペティ＝クラークの法則以降の産業構造理論について分かり易く整理しており有用である。

必要となり[10]，2016年1月の第46回世界経済フォーラム（通称ダボス会議）では20世紀後半に起こった第3次産業革命（コンピューターなど電子技術やロボット技術を活用したマイクロエレクトロニクス革命による自動化の促進）に続いて起こっている「第4次産業革命」が主要テーマとして取り上げられ，翌年の2017年会議では，人工知能（AI）やロボット技術などを軸とする「第4次産業革命」をどう進めるかといった産業構造の高度化についてより具体的な検討がなされた。

2 金融環境

金融環境は，外国為替制度，インフレ率，対外債務の状況などがあげられる。

① 外国為替制度

外国為替制度は，企業が国境を超えて活動する際に通貨の交換が不可欠であることを考えれば，非常に重要な要因である。外国為替の変動率が大きければ，それだけ自社の投資した資金の価値や得られた収益が変動するというリスクが大きくなるので，為替リスクやリスクを左右する制度の変更については常に注目しておく必要がある[11]。

アジアの発展途上国の多くは，変動リスクを回避するために，ドルペッグ制

10）ペティ＝クラークの法則は17世紀の経済学者ウィリアム・ペティが提唱し，コーリン・クラークが1940年の著書『経済進歩の諸条件（原題The Conditions of Economic Progress)』において統計データによって実証したものであり，IT産業の発展などが想定されていないのは当然である。

11）為替リスクは第2次大戦後のブレトン・ウッズ体制下の固定相場制度の時代にはみられなかった。当時，各国の通貨価値は世界の基軸通貨であったドル（金1オンス＝35ドル）に対して，いくらかという基準で決定されており，IMF加盟国の変動幅はドルに対する平価の1％以内と小さかったからである。しかし，1960年代，米国政府がベトナム戦争や対外的な軍事力増強などによる支出増加に伴う財政赤字により，ドルと金との交換を保証できなくなり，1971年のニクソン大統領による金とドルの交換停止発表（ニクソン・ショック）により，ブレトン・ウッズ体制は崩壊し，1973年のスミソニアン体制の崩壊を経て，先進諸国は変動相場制度に移行した。なお，現在ではドル，ユーロ，円の3大通貨を基盤とする為替制度となっている。

度（ドルと自国通貨の交換比率を固定する制度）やドル比率の高い通貨バスケット制度を採用していたが，1997年のアジア通貨危機は外国為替制度の重要性を特に印象づけた事件であった。この制度は変動リスクの回避というメリットがあるが，他方では自国の運命を他国の状況に委ねることを意味し，大きなリスクをはらんでいるといえる。

アジア通貨危機以前，東南アジア諸国など多くの発展途上国では，通貨の変動リスクを回避すべくドルペッグ制度を採用していた。1990年代前半，米国では，ドルは他の通貨に対して割安に設定されていたので，多くの投資家は割高な自国通貨を，ドルペッグ制度を採用し金利を高めに誘導していた発展途上国に投資することによって利益を得ていた。そして，多くの途上国は高い金利を目指して流入する資金を元手に輸出を行い，経済成長するというモデルを採用していた。

1990年代半ばに入ると状況が一変する。1994年には，中国人民元が切り下げられ12)，1994年～1997年には円が下落し続け，1995年には米国クリントン政権が世界の資金を米国の株式や債券市場へ誘導するために，「強いドル政策」へ経済政策を転換し，結果として東南アジア通貨の相対的な価値は高くなってしまった。

通貨価値の上昇は輸出競争力を低下させ経済成長を難しくするので，通貨価値は下落するはずである。しかし，ドルペッグ制度を採用していたタイを代表とする諸国では，高い利ざやを目指して流入していた外国資金の流出を恐れて，通貨価値を高いドルにペッグさせた状態，すなわち過大評価された状態に維持

12）中国の為替市場は当時，市場の需給によって決定される市場相場と政府が決定する公定相場が併存しており，人民元相場は双方の相場の取引量による加重平均値を人民元相場としていた。1994年の中国人民元切り下げは当時8割程度を占めるに至った市場相場に，公定相場を33％切り下げて合わせたに過ぎず，切り下げ幅自体は実態的には6～7％と小幅であり，通貨危機の1つの原因ではあるが，主因ではない。中国人民元切り下げに関して詳細は，「東南アジア通貨危機下の中国人民元相場」『東京三菱レビュー』第17号，1997年10月23日号を参照。

していたのである。

ヘッジファンドなど投機目的の投資家は，この過大評価された不自然な状況に目をつけ，過大評価された通貨を大量に空売り[13]し下落させ，下落したところで買い戻すという手法を繰り返し，政府が外貨準備を使ってドルペッグ制度を維持するために買い支えることを不可能にし，変動相場制への移行を余儀なくさせた（図表5－4参照）[14]。ドルペッグ制度の放棄により，タイバーツは13年間固定された1ドル25バーツから1998年1月には1ドル55バーツまで下落し，バンコクに不動産バブルを起こした借入の大部分が現地通貨建てに比べて金利が低いドル建てであったため，バーツ下落により現地通貨に換算した場合の債務負担は拡大し，負担に耐えられない56の金融機関がIMFの資金借り入れの条件もあり閉鎖された。この危機はタイで始まった後，東南アジアから韓国など東アジアやロシア，ブラジルにも波及し，世界経済に深刻な影響をもたらした。

②　インフレ率

インフレは物価の上昇のことであるが，日本の1960年代の高度成長期にみられたような経済成長に伴う一定水準の物価の上昇は国内消費を牽引する中間階層の消費を促進するという意味でも経済にとって好ましいことである。

しかし，1980年代以降に中南米においてみられたハイパーインフレのように，経済の悪化に伴って，国家が供給力の裏づけのない通貨を増発することによって生じるインフレ率の急激な上昇は，国民経済を崩壊させ，市場自体を壊滅させてしまうので，インフレ率は注目すべき要因といえるのである。

13）所有していない通貨を買戻しによる差益を見込んで売ることである。通貨当局は本来過大評価されていて価値が低下している通貨を，ドルペッグ制度を維持するために買い支える必要に迫られる。投機目的の投資家は通貨を空売りして下がったところで買い，通貨当局が買い戻して上がったところでまた売るという取引を繰り返すことによって，多額の利益を得ることができる。アジア通貨危機では，ヘッジファンドの空売りによる攻撃が通貨当局の資金力を上回ってしまい，ドルペッグ制放棄の一因になったといわれる。

14）Kotabe and Helsen (2004), pp.77-79.

図表５－４　アジア通貨危機のメカニズム

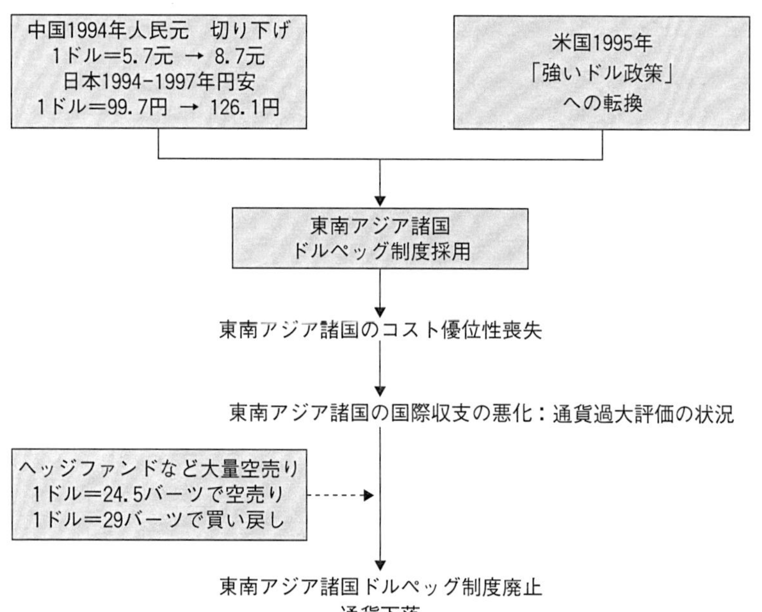

出所：Kotabe and Helsen (2004), p.78. の図に，筆者が加筆修正。

こうした状況は過去のものでなく，2000年代にはルーマニア，ジンバブエ，2010年代に入ってもベネズエラにおいて起こっている。例えば，ジンバブエでは，与野党対立などで生じた政治経済混乱が対前年比220万％というハイパーインフレをまねき，2008年８月に通算３度目となる100億ジンバブエドルを１ジンバブエドルへ０を10個とる通貨単位の変更（デノミ）を行った。しかし，状況は好転せず，2009年２月に１兆ジンバブエドルを１ジンバブエドルへ０を12個とるデノミを行った後，自国通貨での決済をあきらめ，米ドル及び南アフリカの通貨ランドでの国内決済を可能とし，政府自身が公務員の給与を米ドルで支払うことで，ハイパーインフレを収束させた。

③　対外債務の状況

対外債務の状況は，発展に必要な資金を海外からの資金に頼る発展途上国の

図表5－5　世界の対外債務残高（対国民所得比）

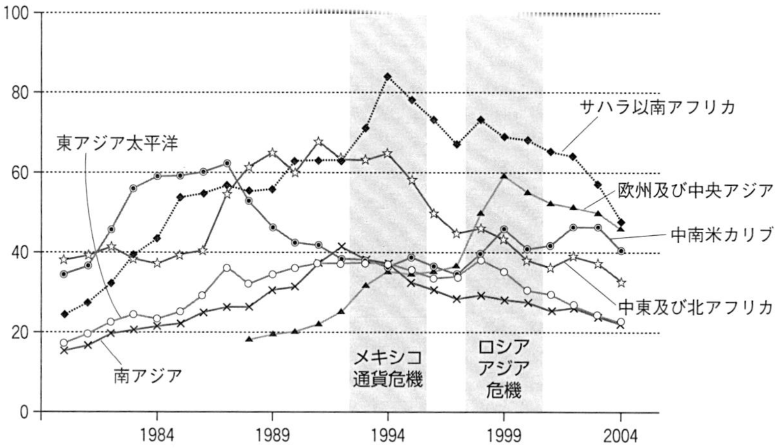

出所：世界銀行World Development Indicatorsより，筆者が作成。

金融環境において重要な要因である。図表5－5は世界の対外債務残高を対国民総所得比で示したものである。多くの発展途上国は先進国に比べて貧困層が多いため，従来，海外からの資金を用いて財政規模を大きく保つ「大きな政府」を維持してきたが，1994年のメキシコ通貨危機，1997年のアジア金融危機，1998年のロシア通貨危機を経て，IMFが求める補助金や公共事業の削減，国営・公営企業の民営化，外資導入，規制緩和といったワシントン・コンセンサス15)に基づく，「小さな政府」を目指したアメリカ型経済改革を受け入れた。その結果，対外債務危機への回避能力を高めてきており，1990年代末以降，対国民総所得比でみた対外債務残高は一般的に減少していることが分かる。

他方，「小さな政府」を目指した経済改革は，中間階層を形成する公務員など公的セクターに関連した人々を低所得階層に転落させ，政府からの給付でな

---

15) ワシントン・コンセンサスは，1980年代末，米国の首都ワシントンで米国政府，IMF（国際通貨基金），世界銀行，シンクタンクによって合意された冷戦後の発展途上国の経済政策に関する考え方であり，1989年にワシントンのシンクタンク国際経済研究所（IIE）のジョン・ウィリアムソンによってこのように呼ばれるようになった。

んとか生活していた低所得階層の貧困を悪化させ，貧富の格差の拡大をもたらした[16)]。

多数の貧困層を支持基盤とする勢力は発展途上国において台頭し，特に，中南米では1990年代末のベネズエラのチャベス政権誕生以降，ブラジル，ウルグアイ，ボリビア，ペルーなどで左派政権の誕生が続き，その他の諸国でも左派が台頭した。これらの政権は，教育，貧困問題，医療，住宅など社会政策に重点を置きつつも，外資の流出を恐れて急速な政策転換は行ってこなかった。

しかし，2000年代初頭からの資源価格の高騰や，中国インドといった新たな巨大資源消費大国の誕生は，資源保有国において特に従来の米国の裏庭といった意識を転換させた。BRICSは南米だけではなく，資源大国を多く有するアフリカに急接近し，中国はアフリカ全土に，インドは地理的に近い東アフリカに，ブラジルは旧ポルトガル語圏からその他言語圏にといったように各国が関係作りを行った。

2010年代に入り資源価格の低下とともに，中南米の左傾化は収まったかに見えたが，新型コロナウイルス禍が格差や貧困問題を悪化させ，左派に支持が集まりやすい状況が生まれ，メキシコ，チリ，コロンビア，ペルーといった親米政権が長年続いた諸国において左派政権が誕生し，従来よりも親中の「ピンク・タイド（共産化まではいかない左傾化）」が進んでいる。中国は広域経済圏構想「一帯一路」に伴って，政府の援助と国有企業などの投資が相乗効果を発揮し，各国においてインフラ整備を進めている。ただし，この協力の見返りにスリランカやパキスタンは港湾の運営権を手放し，最近では中国からインフラ開発のために過剰に借り入れ返済が難しくなる「債務の罠」への警戒も広がっている。

米国は安全保障の観点から中国のCIC（中国投資有限責任公司）などの国家の

16）チャンは一連の著作で，政府による介入によって発展してきた現在の先進諸国が発展途上国に新自由主義経済政策の導入促進を押しつけている構図を明快に指摘しており注目に値する。詳細は，Chang (2002)，Chang (2011) などを参照。

基本資産を原資として株・債券などへ金融市場で投資したり，利益のある事業に長期投資するファンドであるSWF（ソブリン・ウェルズ・ファンド）への警戒を強めている。財務省・国防省，国家安全保障の代表者たちで構成されるCFIUS（シフィウス）が国家安全の名のもとにコントロールを強化し，ある種の取引に関して拒否権を発動する[17)]。米国の華為技術（ファーウェイ）排除にみられる対応は安全保障を重視した経済に対する対応が前面に出た事例であるといえる。

3 社会文化環境

社会文化環境は人々の有する価値観，宗教，言語，教育などさまざまな要因によって影響を受け形成される。

① 価値観

各国の価値観は多様であるが，価値観の相違を理解するために，価値観を分類する研究がなされてきた。代表的な分類は，ホール（Edward T. Hall）のコミュニケーション様式の分類とホフステード（Geert Hofstede）の文化的価値観の分類である。

ホールは各国のコミュニケーション様式をコンテキストの高低により分類した[18)]。コンテキストの高いコミュニケーション様式は集団主義的文化を有する国に典型的にみられ，共通の文脈が強いので，はっきり示されなくてもわかるという暗黙的側面が強く，言語や文字で表す必要性が低い。それに対して，コンテキストの低いコミュニケーション様式は個人主義的文化を有する国に典型的にみられ，共通の文脈が弱いので，はっきり示さないとわからないという明

17）経済と安全保障ならびにSWFとCFIUSに関して詳細は，Laurent Carroue (2018) Atlas de la mondialisation: Une seule terre, des mondes, AUTREMENT, pp.22-23.（土居佳代子（2022）『地図とデータでみるグローバリゼーションの世界ハンドブック』原書房，34-37頁。）を参照。

18）ホールの分類に関して詳細は，Hall (1976), pp.91-92.（岩田・谷訳（1979），107-109頁。）を参照。

図表５－６　異文化のコンテキストの連続性

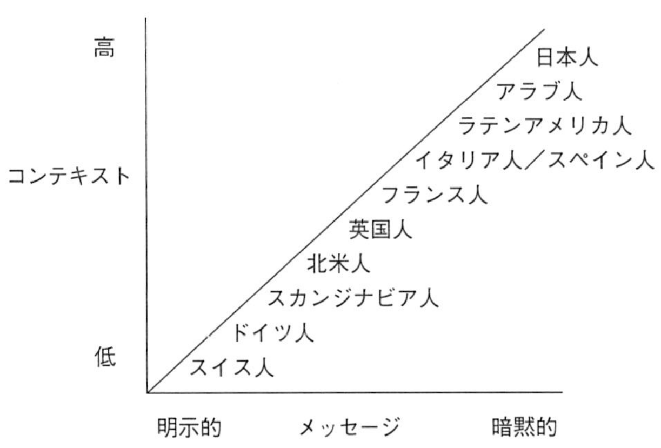

出所：Lee and Carter (2009), p.122. の図を，筆者が一部修正。

示的側面が強く，言語や文字で大量の情報を表す必要性が高い（図表５－６参照）。

ホフステードは世界の50か国と３地域に所在するIBMの社員７万人余を対象として行った調査に基づいて，国民文化次元の文化的価値観を，①権力格差の受容の程度（power distance），②物事を行う際に事前に物事を明確にしたいという不確実性の回避を望む程度，③個人の時間を大事にするか，会社の時間を大事にするかといった個人主義の程度，④人間関係の良好さなど女性的価値よりも昇進収入などの男性的価値に重要度をおく程度（femininity vs masculinity）で説明している（図表５－７参照）[19）20）]。

19）なお，ホフステードは上記の調査の他に23か国の国籍からなる大学生を対象として中国的価値観の抽出を目的とした調査を行い，この調査において長期的志向対短期的志向という次元についても明らかにしている。この調査及び分類に関して詳細は，Hofstede (1991), pp.13-15.（岩井・岩井訳（1995），13-16頁。）及び中村（2001），117-121頁を参照。

20）クブレーらは60か国のアップル社のアプリストアにおいて消費者の価格感度に関してホフステードの文化次元を用いて調査し，男性化の程度が高く，不確実性回避の程度が高い諸国において，価格感度が高いことを示した。詳細は，Kübler, R., Pauwels, K., Yildirim, G., and Fandrich, T. (2018), pp.20-44. を参照。

図表5－7　ホフステードの4次元による各国の比較

	権力格差	不確実性回避	個人主義化	男性化
日　本	54	92	46	95
アメリカ	40	46	91	62
イギリス	35	35	89	66
ドイツ	35	65	67	66
フランス	68	86	71	43
イタリア	50	75	76	70
スウェーデン	31	29	71	5
デンマーク	18	23	74	16
ブラジル	69	76	38	49
インド	77	40	48	56
台　湾	58	69	17	45
40カ国平均	52	64	50	50

（注）Hofstede（1980）（萬成・安藤監訳（1984），284-285頁。）の内容に基づいている。
出所：三浦（2009），97頁。

また，多くの論者は文化の変化が非常に緩慢であることに同意している[21)]。こうした文化的価値観を理解し，企業活動を行うことは非常に重要である。その後，この分類はスタンダードとなり，この分類をさらに発展させてプロジェクト・グローブ（Project GLOBE）[22)]やワールド・バリューズ・サーベイ（World Values Survey，略称WVS）に引き継がれた。そして，ホフステードの国民文化次元の文化的価値観は，ホフステード自身の追加調査やミンコフによるWVSのデータに基づいた分析により，長期志向か短期志向かという次元，主観的欲求を充たそうとする放縦志向か社会規範によって抑制しようとする抑制志向かという2つの次元を加え，6次元となっている[23)]。なお，WVSは1990

21）Gillespie, Jeannet and Hennessey (2004), pp.70-71. なお，ホフステードの分類に基づいて，文化的アプローチからグローバル・マーケティングの文献（Marieke de Mooji, *Global Marketing and Advertising Understanding Cultural Paradoxes*, Sage Publications, 1998）も出版されている。宮森千嘉子・宮林隆吉（2019）はホフステードの6次元モデルを明解に示しており有用である。

22）プロジェクト・グローブに関して詳細は，House, Hanges, Javidan, Dorfman and Gupta (2004) 及びChhokar, Brodbeck and House（2007）を参照。

図表5－8　ワールド・バリューズ・サーベイにみられる価値観の変化

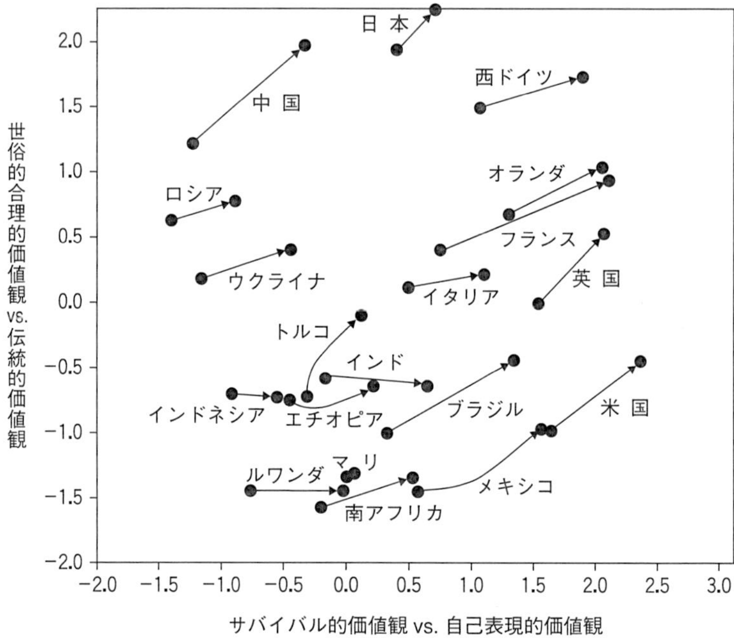

出所：Inglehart, Ronald and Welzel (2010), p.555.

年から5年ごとに行われ[24)]，2017－2022年に行われた7回目の調査では64か国のデータが収集された。こうした継続的な調査は時期による各国の価値観の変化が読みとれ有用である（図表5－8参照）[25)]。

② 宗　教

宗教はその国の社会構造や経済開発に対する姿勢，財・サービスの購買行動を規定する。

23）ワールド・バリューズ・サーベイとホフステードの研究との関連について詳細は，ホフステード・ホフステード・ミンコフ（2010）（岩井・岩井訳（2013））を参照。なお，ミンコフはプロジェクト・グローブの問題点を上記文献で指摘している。

24）ワールド・バリューズ・サーベイに関して詳細は，ワールド・バリューズ・サーベイのホームページ（http://www.worldvaluessurvey.org/wvs.jsp）を参照。

イスラム教の影響力が資源価格の高騰や移民の拡大などによってグローバルに拡大しているが，その影響は各国によってかなり異なっており，留意する必要がある。イスラム教徒が国民の多数を占める諸国57か国で構成されるイスラム協力機構（OIC）の加盟国の中でも，自身だけではなく他者にもイスラム教の教義に基づいた社会の秩序を強いる保守層が多いエジプト，アルジェリア，ヨルダンから，信仰にも多様性を許容するリベラル層が多いインドネシア，マレーシアまで多様であり，許容される製品のレベルも各国によって異なる[26)]。

図表５－９は，イスラム教の教義とサービス・マーケティングで用いられるマーケティング・ミックス要素７Ｐ（従来の４Ｐに，人（Personnel），販売や業務の過程を表す（Process），不安を払拭するための物的証拠（Physical Evidence）を加えたもの）との統合した枠組みを提示したものである。プラグマティズムと製品では，「預言者ムハンマドがすべての人々に必要とされ，腐ることのない商品を販売することを選んだ」というイスラームの教えと一致しているし，妥当性及び適用可能性（Pertinence）と製品では，製品は倫理的な境界の中で伝達されるべきであり，イスラムは顧客が不満を抱かないように過剰な約束をすることを禁じているといった教えに沿っているなどとし，イスラム教の教義とマーケ

25）タラス他（2012）はホフステードの枠組みを用いつつ，既存の多くのデータを用いて時系列な変化を読みとろうとしており有用である。WVSは1981年から2015年までの調査によってつくられた，価値観マップの変化を，ユーチューブサイト（https://youtu.be/ABWYOcru7js）で示す新たな取り組みも行っており注目に値する。古川（2021）はワールド・バリュー・サーベイのデータから各国・各地域のIndex推定値を算出したWave5（第５回サーベイから抽出した推定値）ならびにWave6（第６回サーベイから抽出した推定値）を用いて国民文化の変動についてホフステードの示した６次元を用いて，ホフステードら（2010）で指摘する順位について変動が無いという主張について検討し，権力格差に関しては時と共に大きく変動しているということを示しており，時系列での変動を検討する取り組みとして注目に値する。詳細は，古川（2021），204-205頁を参照。

26）イスラム教の影響力の多様性に関して詳細は，近年の主要な研究調査をレビューしたTemporal (2011) を，イスラムにおける製品の階層に関して詳細は，Alserhan (2011), pp.60-63を参照。

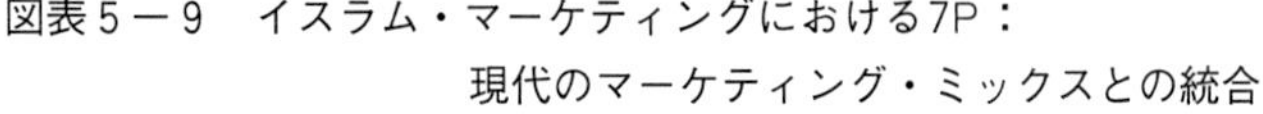
図表５－９　イスラム・マーケティングにおける7P：
現代のマーケティング・ミックスとの統合

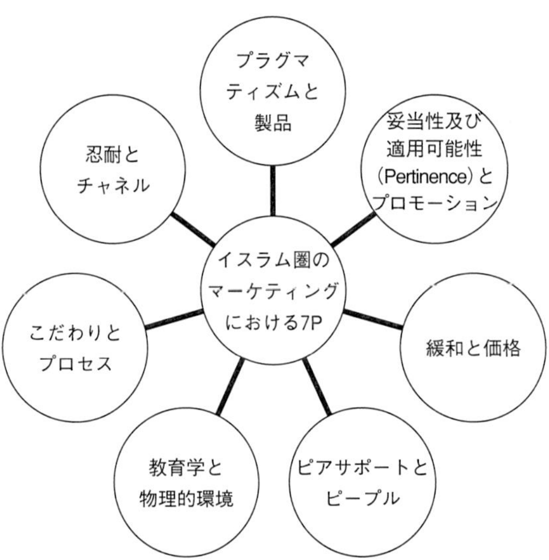

出所：Nurhazirah Hashim, Muhammad Iskandar Hamzah (2014), 7P's: A Literature Review of Islamic Marketing and Contemporary Marketing Mix,Procedia - Social and Behavioral Sciences,Volume 130, p.158.

ティングの統合を試みている。イスラム教の教義とビジネスを融合する取り組みとしては，利子の禁止というイスラム教義に対応した金融（イスラム金融）などが有名であるが，マーケティングにおいてもトレーサビリティ，顧客負担軽減，ステークホルダーとの信頼関係といった現代のマーケティングにおいて重要度が高まっている課題とイスラム教の教義との関係を踏まえて適切に融合していくことが重要といえる。

宗教の影響はその他の宗教でも大きく，食品に関する決まりは特に宗教の影響力の強さを示している。例えば，イスラム教徒は「ハラル」と呼ばれるイスラムの教えに沿った処理がなされた食品以外[27]を，ユダヤ教徒は「コシャー（洗浄食品）」と呼ばれるユダヤ教の厳密な食品規定を通過した食品以外を，ヒンズー教徒は聖なるものである牛を食べることができない。2001年のインドネシア味の素社の製品回収事件は宗教の影響力を示した代表的な事例である[28]。

オタフクソースは知識や経験の不足を合弁パートナーとの連携により克服した。同社はマレーシア進出時の合弁パートナーであり，寿司チェーンを所有するマレーシアの日系コングロマリット Texchem 社のハラールに関する知識や経験を活用することでハラール対応に迅速に成功し，この経験はヴィーガン，グルテンフリーといった多様なニーズへの対応にも活用されることになり，日本のソースメーカーから世界を目指す調味料メーカーへの転換につながった[29]。

③ 言　語

言語は外国進出における最大の障壁といわれる。企業は文書の翻訳，通訳の利用，外国語の習得といった明示的な言語の意味という要素だけではなく，ジェスチャーや態度などといった言語以外の要素を含んだコミュニケーション方法などの内容にも配慮が不可欠である。例えば，日本人が用いる社交辞令に代表される「検討させていただきます」といった表現の持つニュアンスは外国人にとっては理解されにくいといわれる。そして，ブランドネームなど意味のない固有名詞の翻訳においては，原音がどのように聞こえるのかなどの配慮が必要である。例えば，中国及び香港に進出しているフォーチュン500に入っている消費財メーカーのブランドネームに関する調査によれば，元のブランドネームが英語である209ブランドのうち，P&G（宝潔）のパンパース（幇宝適）の

27）イスラムの教えによって禁じられた食品はハラムと呼ばれる。また，疑わしい食品は Mushbooh と呼ばれ，敬虔なイスラム教徒は食べないようにしている。

28）インドネシアの味の素社製品がイスラム指導者会議（MUI）により，製造過程で豚に由来する添加物を使用していたとして，「ハラム（イスラム教徒が口にできない食物）」と断定され，同社の幹部の逮捕にまで至り，迅速な対応後も味の素自体の販売にはかなりの影響が残った。この事件に関して詳細は，小林（2001），63-75頁及び伊藤（2002），62-71頁などを参照。

29）オタフクソースのハラール対応に関して詳細は，アザムアリフ・岸本（2021）を参照。

図表5－10　中国におけるロゴマークに用いる言語に対するブランド名のタイプの枠組み

	発音通りでない	発音通り
意味なし	ブランド名のタイプ：アルファベットと数字の組み合わせ型 定義：文字や数字が無意味に混在しているもの。 例　：3M	ブランド名のタイプ：発音通り型 定義：中国語の意味はなく外国語の発音通り 例　：モトローラ社の中国語名：摩托罗拉（mótuōluólā）
意味あり	ブランド名のタイプ：意味あり型 定義：中国語の意味があるが外国語の発音通りではない 例　：マイクロソフトの中国語名：微軟（Wēiruǎn） 中国語の意味は「小さい」「やわらかい」	ブランド名のタイプ：意味あり発音通り型 定義：中国語の意味はありつつ外国語の発音通り 例　：フォルクスワーゲンSUVトゥアレグの中国ブランド名 途锐（Túruì）は英語風の発音でありかつ中国語で勢いをもって進むことを意味する

（注）Wu, Fang, et al.（2019）が提示した枠組みに基づいて，コタベ・ヘルセンが加筆修正。

出所：Kotabe and Helsen (2022), p.394.

ように，57ブランドが文化的内容を含んでいた30)。

世界ではアルファベットなどの表音文字を用いる諸国が多いが，漢字など表語文字を用いる中国などでブランド名を決定する際には，ブランドの母国言語での発音とブランド名の有する意味の双方を考慮して行う必要がある（図表5－10参照）。例えばフォルクスワーゲンのSUV車ブランドであるトゥアレグの中国語でのブランド名である途锐（Túruì）は英語風の発音であり，中国語

30）なお，209ブランドのうち，44％の92ブランドが翻字（音を生かして英語の音に近い北京語あるいは広東語の文字に変える），22％の46ブランドが意味を生かした翻訳，10％の21ブランドが英語のブランドネームをそのまま利用しているが，21％の43ブランドは新たなブランドを創造している。この調査に関して詳細は，Francis, Lam and Walls (2002), pp.98-116. を参照。中国語のブランド名に関して詳細は，中国語辞書の編集に携わっている秋月久美子氏が1998年より改訂を続けながらホームページ上で公開している「中国ブランド名辞典（http://www.qiuyue.com/brand.htm）」や，中国におけるネーミングの開発プロセスを示した上で，ENEOSの中国におけるネーミングの事例を取り扱っている博報創名プロジェクト他（2005）は非常に有用である。

で勢いをもって進むことを意味する。ブランド名のタイプは意味あり発音通り型に分類できる[31)]。

また，言語の多様性は非常に厄介な問題であり，言語はしばしば文化の鏡といわれるだけあり，多様な言語が国内に存在する場合には同じ国であっても，言語ごとに文化が大きく異なることも多い[32)]。例えば，インド，中国などの多様な言語は有名であるが，先進国でも，スイスは地域ごとに使用言語が異なっており，ドイツ語（全人口の約64％），フランス語（約19％），イタリア語（約10％），ロマンシュ語（約１％）の４つの公用語を有しており，それぞれ独自の文化が存在する[33)]。

しかし，英国や米国が世界経済の中心を占める状況において，英語が世界の共通語としての役割を果たしてきており，インターネットの普及はこの傾向を強めつつある。多国籍企業の多くは英語の社内公用語化を行いつつあるが，多国籍企業を多く輩出してきた地域間でも言語の対応にはかなり差があり，東アジア出身企業は英語への対応が相対的に弱い[34)]。旧英国圏であり既述のBRICSの一角であるインドのソフトウエア産業の発展も英語が共通語として

31）マーケティングを行う際に重要なブランド名を決定する際の留意点に関して詳細は，Kotabe and Helsen (2022), pp.393-395. 及びWu, Fang, et al. (2019) を参照。

32）Kotabe and Helsen (2004), p.98. なお，同一言語を用いる地域は宗主国と旧植民地あるいは旧宗主国が同一であることが多いため，当然文化的には類似点が多いが，同じ言語であっても単語熟語が違っていたり，同じ表現でも意味やニュアンスが大きく異なる場合があり，翻訳する際には注意が必要である。ソリアーノ・フォサルは同じスペイン語でも，スペインのスペイン語とベネズエラのスペイン語の相違について調査票の翻訳における留意点を具体的に示しており興味深い。ソリアーノ・フォサルの指摘に関して詳細は，Soriano and Foxall (2002), p.25.を参照。

33）多様な文化を有する小国でありながら，外国人や移民の起業家に対して肝要であることなどによって，多くのグローバルに活躍する企業を輩出するスイスの競争力に関して詳細は，ブライディング（2013）（北川訳（2014））を参照。

34）多国籍企業の言語の使用状況に関して詳細は，Harzing and Pudelko (2013), pp.87-97.を参照。なお，上記論文では，英語圏出身企業は現地言語への対応が相対的に弱いことも示している。

普及していることが主要要因の１つといわれていることを考慮しても，東アジア出身企業の英語の社内公用語化は進んでいくとみられる。

④ 教 育

教育を受けた人の比率と質は，企業が対象とする消費者レベル及び現地雇用者レベルに影響を及ぼす要因である。消費者の識字率などにあらわれる各国の教育水準は教育政策によってばらつきが大きいが，サハラ以南アフリカや南アジアは厳しい状況におかれており，消費者の将来の所得，消費水準及びマーケティングのうちコミュニケーション戦略の選択肢を規定する。特に，最寄品メーカーは識字率が低いと，パッケージ表示や印刷広告などの理解が困難となるため，プロモーションといったマーケティング・ミックス要因の戦術レベルの意思決定に直接的な影響を及ぼす。

現地雇用者の学歴は各国の教育政策によってばらつきが大きく，米国では経営管理層の間に一般的になっているMBA（経営学修士号）取得者が拡大しているが，米国以外ではまだ少ない。しかし，日本や韓国などの東アジア諸国ではOJT（職場内訓練）や企業内研修などの企業内教育が充実しているといわれる[35)]。

4 政治法律環境

政治[36)]法律[37)]環境は，多国間交渉で決定された事項，政府による政策などがあげられる。

① 多国間交渉での決定事項

企業活動のグローバル化に伴い，多国間交渉で決定すべき事項が増加している。企業活動のグローバル化に直接的に作用する，貿易に関する枠組みが交渉

35）なお，日本においてもプロ経営者が求められるようになり，社外から経営トップを起用する事例が増加し，MBA取得者活用の機運も高まっているが，日本のMBAコースの評価は相対的に低い。フィナンシャルタイムズ世界MBAランキング2018年においても，日本がランクインなしに対して，米国50校，英国14校に次いで，中国が７校で世界３位，インドも欧米中仏に次ぐ５位で４校がランクインしている（仏はINSEADがシンガポールと２ヵ所なので0.5校とカウントし4.5校）。

されるGATTからWTOに引き継がれた多国間貿易交渉だけではなく，企業活動のグローバル化において大きな影響を及ぼす温暖化などの環境問題，知的所有権問題，農業問題，安全保障問題，エネルギー問題といった特定の国際的課題に関する多国間交渉がさまざまな枠組みの中で行われるようになってきている。そして，これらの交渉での決定事項は国際的公約となるため，国内の政府の政策にも影響を及ぼしてきた。

しかし，近年，WTOドーハ・ラウンド交渉の経緯にみられるように，多国間交渉は決定事項の影響力の大きさとBRICsに代表される新たな手ごわい交渉相手の増加により，問題の認識が一致したとしても，先進国と発展途上国の利害対立のために進展しないという状況になっている（図表5－11参照）[38)]。そのため，地域や2カ国間での交渉がなされるようになっている。

36）政治的要因は特にBRICsなどの新興市場においては経済的要因と表裏一体をなす重要な要因であり，環境分析においては不可欠な要因である。それにもかかわらず，政治的要因は経済的要因に比べて，アナリストの主観的な判断が反映されやすく，直接測定する尺度が存在しないので代替指標を用意する必要があるなど，定量化が難しいといわれるため，重視されてこなかった。しかし，BRICSなど政治的要因が経済へ与える影響が大きい市場が台頭することによって，ユーラシア・グループによるグローバル・ポリティカル・リスク・インデックス（世界の政治リスク指数，略称GPRI）のような代替指標が開発され注目されている。なお，グループの社長イアン・ブレマー氏は国家資本主義が台頭する現状を踏まえた上で企業が海外，特に新興市場において成果をあげるためのルールを示しており注目に値する。詳細は，Bremmer (2014), pp.103-107.（スコフィールド訳(2014)，104-113頁。）を参照。また，政治的リスクを世界地図にプロットした米国大手保険会社であるマーシュ・アンド・マクレナン社によるポリティカル・リスク・マップは，世界における政治リスクの状況を分かり易く示しており有用である。このマップに関して詳細は，マーシュ・アンド・マクレナン社のポリティカル・リスク・マップに関するホームページ（https://www.marsh.com/us/services/political-risk/insights/political-risk-report.html）を参照。

37）オタワ大学がホームページ上で公開している世界の法律システムの相違を地図上にプロットしたJoriGlobe（http://www.juriglobe.ca/eng/）は世界の法律システム分布を，シビル・ロー，コモン・ロー，慣習法，イスラム法，システムの混合に5分類して分かり易く示しており有用である。

図表５－11　WTOドーハ・ラウンド交渉の経緯

年　月	交　渉　内　容
2001年11月	カタール・ドーハで新ラウンド交渉開始
2003年９月	メキシコ・カンクン閣僚会議が先進国と途上国の対立で決裂
2004年７月	一般理事会で交渉の枠組み（基本概念）に合意
2005年12月	香港閣僚会議で「06年中の最終合意を目指す」ことで合意
2006年７月	主要国・地域の閣僚会合が先進国と途上国の対立で決裂し，交渉中断
2007年１月	スイス・ダボスの非公式閣僚会議で交渉再開
2008年７月	ジュネーブの閣僚会議で，大枠合意を目前にしながら，米国・インドの対立で交渉決裂
2009年７月	イタリア・ラクイラG8サミットで，「2010年中の交渉妥結を目指す」との共同宣言採択
2010年11月	横浜APEC首脳会議で，2011年を交渉の正念場に位置づけ
2011年５月	パリの非公式閣僚会議で，一括合意を事実上断念。部分合意を目指す
2011年12月	ジュネーブ公式閣僚会議で全体合意当面断念を議長総括に明示 部分合意も失敗。通商紛争の予防や解決に注力の方針示す
2013年12月	バリ公式閣僚会議で貿易の円滑化，農業を含む３分野の合意を盛り込んだ閣僚宣言を採択。1995年WTO発足以来初の貿易体制の基本原則づくりが前進
2014年７月	インドの反対により期限までに貿易円滑化措置の協定を採択できず，再び交渉後退
2014年11月	貿易円滑化協定を採択

出所：永池（2011），131頁の表に，筆者が一部加筆。

38）先進国と発展途上国の対立は，2001年11月にカタールの首都ドーハで行われたWTO第４回閣僚会議で示された「ドーハ開発アジェンダ（Doha Development Agenda）」にもあらわれている。その名称は欧米日本といった先進国中心の多国間交渉を意味するラウンドから発展途上国の状況も配慮した協議事項を意味するアジェンダに変更され，協議の内容も既存の交渉の問題点である発展途上国の合意履行能力への配慮も含むものへと変化しつつある。その配慮は，2005年12月に決定された自国では医薬品の製造能力を有しない途上国が第三国のジェネリック薬を輸入可能にする措置などにみられ，イノベーションを起こす多国籍製薬メーカーへのインセンティブと巨大薬品市場となりうる貧困国のニーズというトレードオフを解消するための開発モデルに関する研究もなされている。詳細は，Ghauri and Rao (2009) を参照。

上記の潮流を受け，米国の製薬メーカーのギリアド・サイエンシズ社は同社が開発したＣ型肝炎ウィルスの最先端の薬品であるソバルディを，一定の利益を生み出しつつ，人道的なプログラムとして途上国において安価に提供するために，インドとエジプトのジェネリック薬品メーカーと協定を締結している。詳細は，Kotabe and Helsen (2017), p.376.を参照。

とはいえ，多国間交渉での決定事項は依然として政府の政策に大きな影響を及ぼしており，その内容も多様である。多国間交渉での決定事項が大きな影響を及ぼした事例としては中国のWTO加盟までの経緯があげられる。この事例は中国が大国であるだけに，環境問題，知的所有権問題といった企業活動のグローバル化にとって見過ごせない課題を含んでいる。

中国は1979年の改革開放政策開始から8年間で準備を行い，1986年にWTOの前身であるGATTへの加盟申請を行ったが，1989年の天安門事件では国際的非難を受け，交渉中断を余儀なくされた。1992年に加盟交渉を再開したが，1995年1月のWTO発足には間に合わず，1995年7月にWTOのオブザーバーとして参加することになり，その後も6年間の加盟交渉がなされた（図表5－12参照）。

交渉過程では，自国企業を実質的に優遇している外国貿易業務の許可制，外国企業への諸差別，各種の輸入数量制限，機能の不明確な政策や法令の不透明性，国有企業への融資による実質的な補助金，部品の中国国内調達要求，知的所有権保護などが問題にされた。

中国政府はこれらの問題に対応して関税を段階的に引き下げ，対外貿易法，会社法，労働法，手形法など経済関係の法整備を行い，海賊版取締りの強化を約束し，2001年11月にようやく正式加盟が実現した。中国政府はWTO加盟後も2006年頃までに国内法の整備を行い，法制度運用上の人治性の問題は指摘されつつも概ね高い評価を得てきた。しかし，2007年以降，貿易権，知的財産権[39]等をはじめとして，中国のWTOルールの順守状況に疑問が投げかけられ，WTO紛争解決制度に訴えられるケースが増加している。中国政府はWTO敗訴や明らかな協定違反には何らかの措置の改善や是正を実施し，WTO

39）秋山（2005），8-16頁。なお，知的所有権侵害に関しては，2017年米国トランプ大統領就任以降，ハイテク分野において米中の対立が先鋭化しており，中国の技術移転の不公正に関して，米国通商代表部（USTR）は2018年11月に報告書を発表している。詳細はUSTRが発表した報告書（https://ustr.gov/sites/default/files/enforcement/301Investigations/301%20Report%20Update.pdf）を参照。

図表５－12　中国WTO加盟までの経緯

1948年	GATT臨時適用議定書に調印し，締約国となる。
1950年	GATT脱退。
1982年	GATTオブザーバーとなる。
1986年	GATT事務局長に対して復活申請する。
1989年	天安門事件で加盟交渉凍結。
1992年	加盟申請再開。
1994年	WTO（世界貿易機関）設立決定。中国WTO創立メンバー国を希望し，「WTO加盟」を申請。
1995年	１月WTO正式に発足。７月中国のオブザーバー参加承認。
1997年	２月WTO内の発展途上国メンバー国が中国の早期加入支持声明。 ５月中国WTO加盟議定書中の主要な２条項（内外無差別の原則と司法審査の導入）に合意。 ８月中国関税引き下げ・非関税障壁の削減や農産物輸出補助金の撤廃などの進展を宣言。
1999年	米国通商代表と大統領補佐官が訪中し，中国のWTO加盟について合意。
2000年	EU欧州委員と中国首相最終会談で中国のWTO加盟のための合意に調印。
2001年	中国WTO正式加盟。

出所：秋山（2005），８-16頁などの内容に基づいて，筆者が作成。

の紛争解決制度に基本的には従う姿勢を見せている[40]。

②　政府による政策

企業活動のグローバル化に対応した政府の政策は，グローバル化の主体である企業の出身国としての政策と受け入れ先ホスト国としての政策とに区分できる。

出身国としての政策は国内主要産業の輸出振興策である。輸出振興策は，投資促進セミナーや見本市の開催，国や都市のブランディング[41]を目的としたAV

40）中国は2007年以降，自国の貿易利益を保護するためにWTO紛争解決制度を用いて自らも訴えを起こすよう政策の転換を行った。中国の2007年以降のWTOに対するアプローチの変更に関して詳細は，吉川（2013），64-65頁を参照。

41）国家のブランディングが一般化する中で，Anholt-Gfk Roperが国のブランド力をインデックス化して示しているNBI（Nation Brand Index）への注目度が高まりつつある。国家ブランディングに関して詳細は，Dinnie（2008）（林田・平澤監訳（2013））を参照。なお，日本政府もクールジャパン戦略担当大臣が置かれるなど多様な取り組みを行いつつある。件や，米国企業に対してエクアドル政府にISDS紛争史上最高賠償金額17億7,000万ドルの支払いを認めたOccidental事件が有名である。ISDS条項の普及と同条項に基づく紛争の実態に関しては，ダグラス・K・フリードマン（2014）などを参照。

図表5－13　外資受入国政府の目標と政策

	目　標					
行　動	自己防衛	安全性確保	社会繁栄	威信維持	イデオロギー	文化的独自性
自国製品購入促進政策	○	○	○			
非関税障壁	○		○			
補助金交付	○		○	○		
事業運営上の制限	○	○				○
ローカルコンテンツの設定			○			
所有条件の設定		○			○	○
外国製品ボイコット					○	
支配権の取得	○	○	○		○	

出所：Gillespie, Jeannet and Hennessey (2004), p.85. の表を，筆者が一部修正。

及び印刷媒体を利用したプロモーションツールの作成，投資ミッションの派遣のようなものから，助成金，補助金，輸出振興機関の設立，政府トップによる自国産業の他国へのセールスなど非常に多岐にわたっている。こうした政府の政策は，新興国の高速鉄道など大規模インフラ整備プロジェクトや資源保有国への支援を絡めたインフラ整備の加速によって，重要度を高める傾向にある。

ホスト国としての政策は，自己防衛，安全性確保，社会繁栄，威信維持，イデオロギー，文化的独自性[42)]といった目標を有しており，これらの目標のバランスを検討し，自国製品購入促進政策，非関税障壁，補助金交付，事業運営上の制限，ローカルコンテンツ（現地調達比率）の設定，所有条件の設定，外国製品ボイコット，国有化など収用を含めた支配権の取得などの具体的な政策が実行される（図表5－13参照）。

既述のように，国際取引に対する国際的取り決めは，国際社会への自国政府

42）中国は，中国が1年間に受け入れる外国映画を34本と規制し，国産映画の興行収入を上げるために洋画封切り日程を調整している。外国映画上映に関する規制はフランスなどでもなされているが，「トランスフォーマー／ロストエイジ」の大ヒットにみられるように，ハリウッドの大手映画会社は世界第2位の市場となった中国市場を目指して，規制を回避するために現地企業と組んで映画を製作し成功を収めている。

の公約である。TPP交渉においても注目されたISD（あるいはISDS）条項（投資家対国家の紛争解決条項）を含む投資協定が普及し，同条項に基づく紛争が増加する中で[43]，政権交代などによる外資に厳しすぎる支配権の取得や製品ボイコットといった突然の政策変更は，外資による投資が発展にとって不可欠な発展途上国にとって困難となっている。

他方，先進諸国の政府は，グローバルに展開する企業が租税回避や社会保障費の負担を逃れるために，上記負担が軽い諸国に拠点を設置するなどの手段を用いていることに憤りを感じつつも，デジタル課税（IT企業の売上高への課税）など適切な社会的責任の負担を求める論調が強まっている。ルールなき誘致競争といった状況が継続する中で，2021年10月にようやく約130か国・地域により，一部に伝統的な国際課税とは全く異なる課税方法を採用する，15％の各国共通最低税率の設定といった新たな国際法人課税ルールに関する国際合意がなされた。

多くの政府は関税と，上記の政策のうち外資への影響が相対的に小さいその他の政策を組み合わせて採用している（図表5－14参照）。

43）ISDS条項において政府が民間企業に賠償の支払いを命じた事例としては，米国企業に対してメキシコ政府にNAFTAのISDS条項に基づいて支払いを認めたMetalclad事件や，米国企業に対してエクアドル政府にISDS紛争史上最高賠償金額17億7,000万ドルの支払いを認めたOccidental事件が有名である。ISDS条項の普及と同条項に基づく紛争の実態に関しては，ダグラス・K・フリードマン（2014）などを参照。

図表５－14　関税と非関税障壁

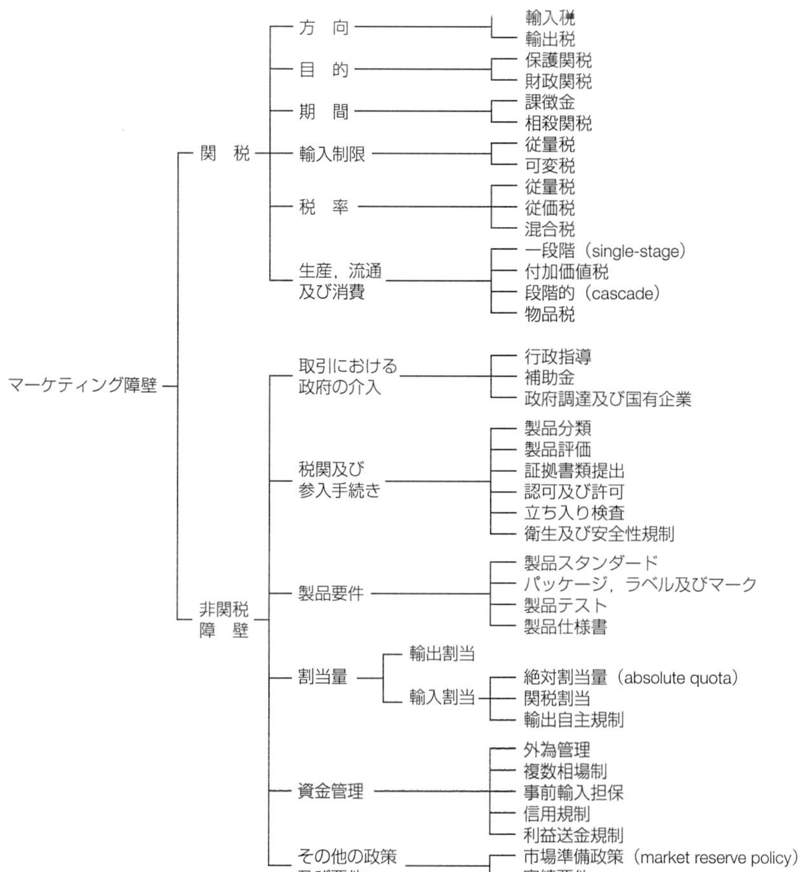

出所：Onkvist and Shaw (1988), p.66.

Ⅵ 参入市場の決定

1．グローバル・セグメンテーションの手法

1 国単位のセグメンテーション

参入市場の決定においては，全世界を細分化するグローバル・セグメンテーションが行われ，グローバル・セグメンテーションのうち最も一般的な手法は国単位のセグメンテーションであり，２段階スクリーニングを用いた手法が用いられる（図表６－１参照）[1)]。外国市場参入を目指す企業の多くは，この手法を用いて，前章で示した外部環境分析の結果に基づいて，全世界を対象に国単

図表６－１　２段階スクリーニング手法

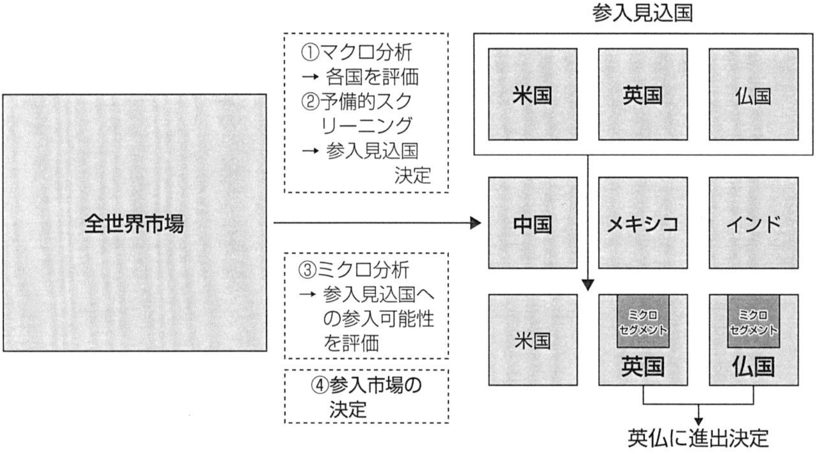

全世界市場
①マクロ分析
→ 各国を評価
②予備的スクリーニング
→ 参入見込国決定
③ミクロ分析
→ 参入見込国への参入可能性を評価
④参入市場の決定
参入見込国
米国　英国　仏国
中国　メキシコ　インド
米国　英国（ミクロセグメント）　仏国（ミクロセグメント）
英仏に進出決定

1）グローバル市場参入戦略に関する研究に関して詳細は，Steenkamp and Hofstede (2002), pp.185-213. を参照。

図表6－2　市場機会予備選別手法の活用例

国　名	一人当たり所得	人　口	競　争	政治的リスク	得　点
A	50	25	30	40	3400
B	20	50	40	10	3600
C	60	30	10	70	3650
D	20	20	70	80	3850
ウエート	25	40	25	10	

（注）1．ウエートはあわせて100になるように設定する。
2．計算方法はA国の場合，各要素にウエートをそれぞれ掛けた値を足したものである。ちなみに，A国の得点は（一人当たり所得50×ウエート25）＋（人口25×ウエート40）＋（競争30×ウエート25）＋（政治的リスク40×ウエート10）＝得点3400となる。

出所：Kotabe and Helsen (2001), p.285.（横井監訳（2001），170頁。）の図に，筆者が一部内容の補足のために注釈をいれた。

位のマクロ分析を行い，その評価に基づいて予備的スクリーニングを行い，参入見込国を決定する。

予備的スクリーニングに際しては，特定製品や製品カテゴリーへの所得弾力性（所得が増えた場合に特定製品への支出が増加する程度）の高さ[2)]，政治的リスクの高さ，当該企業の目的に合わないといった特定の基準を用いる場合もあるが[3)]，多くの場合，複数のデータを因子分析などの手法をも用いて判別しやすい市場規模，市場としての強さ，市場の潜在性，市場が備えるインフラの程度，政治経済の自由度及びリスクの程度，市場への接近の容易さや市場までの距離などに関する構成概念に要約し，図表6－2で示されるように，国の魅力度を示す各指標にウエート付けを行い[4)]，得点を出し，基準点を上回った国を参入見込国とする。

例えば，ボッシュセキュリティシステムズ社は映像監視装置，音響機器，通信装置，測定器及び制御装置用各種電気・電子機器の輸出入販売と付帯関連業務を行う企業である。同社は中東進出の際には，第1段階においてはイランを

2）特定製品や製品カテゴリーへの所得弾力性を予備的スクリーニングに用いることに関して詳細は，Ozturk et al. (2015) を参照。

3）Kotabe and Helsen (2004), p.211.

図表6－3　ボッシュセキュリティシステムズ社の参入市場選択

		ウエート×得点	ヨルダン	クウェート	オマーン	カタール	サウジアラビア	UAE
縦軸	経済情勢	0.05	0.05	0.05	0.05	0.25	0.15	0.25
市場としての魅力	市場注目度（質／価格）	0.05	0.15	0.15	0.05	0.15	0.15	0.25
	建設業	0.10	0.10	0.30	0.10	0.30	0.50	0.50
	消火事業の市場規模	0.15	0.15	0.45	0.15	0.45	0.75	0.75
	消火市場の市場成長	0.15	0.75	0.45	0.45	0.75	0.75	0.75
	消火装置取付業者／取扱業者	0.10	0.10	0.30	0.10	0.30	0.50	0.50
	消防意識	0.05	0.05	0.15	0.05	0.25	0.25	0.25
	欧州統一規格遵守最高の縦材	0.15	0.45	0.45	0.75	0.75	0.45	0.75
	CEマーク適合製品の市場シェア	0.15	0.75	0.45	0.45	0.75	0.45	0.75
	ボッシュ消火製品の排他的パートナーシップ	0.05	0.15	0.25	0.05	0.15	0.25	0.25
	合　計	1.00	2.70	3.00	2.20	4.10	4.20	5.00
横軸	現地での経験	0.15	0.45	0.15	0.15	0.15	0.45	0.75
現地での競争力	市場知識	0.15	0.15	0.15	0.15	0.15	0.45	0.45
	現地事業ネットワークの質	0.20	0.20	0.20	0.20	0.20	0.60	0.60
	ボッシュ現地消火専門家のプレゼンス	0.20	0.20	0.20	0.20	0.60	0.60	0.60
	現地技術支援	0.20	0.20	0.20	0.20	0.60	0.60	1.00
	潜在パートナーとの詳細な接触	0.10	0.30	0.50	0.10	0.50	0.10	0.30
	合　計	1.00	1.50	1.40	1.00	2.20	2.80	3.70

出所：Hollensen (2014), pp.286-289.の図表に，筆者が加筆修正。

国家は政治的に安定しているが，政治及び宗教が保守的すぎる，ボッシュの消火探知に対する確立された輸出市場が存在しないといった特定の基準によって，イランとエジプトを参入見込国から外した。第2段階においては各国の市場魅力度と同社の市場における競争力の分析によって，第1位UAE，第2位サウジアラビア，第3位カタールというランク付けを行い，第1候補国UAEへの参入方法の決定とマーケティング計画の策定を行うことになった（図表6－3参照）[5]。

さらに，参入見込国はミクロ分析によって評価される。この段階では，自社が参入可能かどうか，産業や製品市場に固有の要因である市場規模，市場成長率，競争の程度，取引に際する障壁などが検討される。さらに，参入国決定に際しては，管理者が訪問するなどの直接的な経験を蓄積することによって，データだけではわからない部分に関して確認される[6]。

2 国単位以外のセグメンテーション

国単位のセグメンテーションは，経済発展水準や政治システムといった既存の基準に基づいて自国と同質的な市場を発見するには有用である。この基準のセグメンテーションの背景にある論理は，自社が進出して成功している市場と同質的な市場がある諸国群に含まれる国なら，成功確率が高いということである。

しかし，インターネットの普及は，国境を越えた情報伝達や共有を容易にし[7]，国境を超えた新たな形態の市場を生み出している。そして，国境を超えて共有されるライフスタイルや考え方を有するセグメントを誕生させており，セグメンテーションにおいても国単位以外の手法を模索しなければならなくなっている[8]。

4）なお，カヴスギル（S. Tamer Cavusgil）は，OMOI（Overall Market Opportunity Indexes，全市場機会インデックス）を示し，特定の企業の視点からではなく全般的な国の魅力度を示す試みを行い，このインデックスの手法を用いて，ミシガン大学国際ビジネスセンターは，globalEDGEと呼ばれるウェブポータル（http://globaledge.msu.edu/）の中で，新興市場に対する市場潜在性インデックス（Market Potential Index for Emerging Markets）を，1996年より2013年まで毎年継続的に示しており，新興市場の魅力度を確認するのに有用である。なお，同ポータルにおいて2014年5月1日に新興国を26カ国から87カ国に拡大するという変更が発表された。OMOIなど市場魅力度を示す指標に関して詳細は，Mullen and Sheng (2007), pp.219-249.を参照。

5）ボッシュセキュリティシステムズ社の中東進出に関して詳細は，Hollensen (2014), pp.285-289.を参照。

6）Johansson (2003), pp.126-127. 管理者が訪問するといったことを含む実行可能性や採算性を調べる調査はフィージビリティ・スタディと呼ばれ，非常に重要な調査ではあるが，管理者の経験やセンスが有効性を左右する領域であるともいえるため体系的に整理されてこなかった。鐘井（2022）第8章は，筆者の東アジア及び東南アジアでの実務経験を踏まえてフィージビリティ・スタディに関して具体的に提示しようとしており，とかくイメージしづらい実務を理解する上では有用である。

既存手法で説明しがたい代表的なセグメントはグローバル・ニッチ，地域セグメントがあげられる。グローバル・ニッチは世界市場における隙間市場のことであり，１カ国の隙間市場は小さくても，全世界になればその規模も無視できないものになる。その代表的なものがMTV世代，環境主義者，実業家，富裕者及びインターネット愛好家などである。彼らは国境を超えても求めるコンセプトは類似しており，標準化の程度が高いマーケティング戦略を実行できる。

例えば，デンマークに本社をおくノボ・ノルディスク社は95年以上にわたり糖尿病治療に必要な革新的な医薬品の開発を通じて，糖尿病ケア市場というニッチ市場をリードし続けてきた。同社は1980年に進出した日本を含む79か国で事業を展開し，製品は170か国以上で販売されており，グローバル・ニッチ市場で展開する代表的企業といえる[9)]。

地域セグメントは国単位ではなく，アジア，欧州，北米といった地域を単位としたセグメントであり，顧客ニーズや欲求が同一地域内では類似することに起因する[10)]。

例えば，日本や韓国のドラマや音楽を好む人々の東アジア，東南アジアでの拡大[11)]や日本での韓流華流現象，スペイン語を本来母国語とする米国のヒス

7）国境を越えた情報伝達に関しては，中国が2016年12月31日に国営中国中央テレビ（CCTV）の国際放送部門を分離し，中国グローバルテレビネットワーク（CGTN）という名称で放送を開始したといった国家による発信強化や，ネットフリックスなど国境を越えた定額制動画配信サイトの動向に注目すべきである。

8）国単位のセグメントとグローバル・セグメントのどちらを市場細分化の基準とするかについては，市場細分化のジレンマとして認識され，近年注目されている。このジレンマに関して詳細は，Lee and Carter (2005), pp.110-117. を参照。

9）ノボ・ノルディスクに関して詳細は，同社日本法人ホームページ（http://www.novonordisk.co.jp/about-novo-nordisk/）を参照。

10）Kotabe and Helsen (2001), pp.225-226.（横井監訳（2001），87-89頁。）

11）日本のドラマや音楽を好む人々は哈日族（ハーリーズー），韓国のドラマや音楽を好む人々は哈韓族（ハーハンズー）と呼ばれている。哈日族に関して詳細は酒井（2004）を参照。

パニック系住民やラテンアメリカ全体で絶大な人気を有するラテン版ソープオペラであるテレノベラ（テレビ小説），インドのボリウッド映画に続き成長する，ナイジェリアのノリウッドで制作されるハリウッドを上回る本数のプロットが単純な低予算映画のアフリカ全域でのDVDをプロジェクターに写しただけのミニシアターなどを通じた拡大などがあげられる[12)]。そして，東洋水産がメキシコで大成功したブランド「マルちゃん」を米国ヒスパニック市場や中南米市場に展開しようとする取り組みにみられるように，多くの企業がこのセグメントを意識して事業展開を行いつつある。

なお，マクロ基準で絞られた参入見込国に関して，共通ミクロセグメントと呼ばれる共通したニッチ市場を求めるハイブリッド型の手法の有効性も指摘されている[13)]。例えば，生魚を食すという食文化のない地域に存在する寿司愛好家といったセグメントがあげられる。このセグメントは生魚を食するという食文化のある地域の寿司愛好家とは大きく異なるが，寿司ロボットなどを製造する鈴茂器工やカニ風味蒲鉾製造機などを製造するヤナギヤといったニッチ企業は上記のセグメントをしっかりととらえ海外進出を果たしている。

3 残された巨大セグメントの存在

上記の２つのセグメンテーションは，基本的には北米，欧州及び日本といった先進諸国やBRICsに代表される潜在成長率の高い新興市場の都市部における中間階層について行われてきた。

例えば，新興市場は長期的潜在性と短期的な利益転換可能性によって４つに区分され，各セグメントにおいて典型的な投資戦略が示されている。中国など

12）テレノベラはメキシコ，ベネズエラ，コロンビアなどで製作され，当初スペイン語圏で人気を博したが，近年ではタイ，フィリピンなどの東南アジアやチェコといった東欧などにも輸出され，日本でもBSなどで放送され一定の人気を獲得しつつある。テレノベラの成功に関して詳細は，Johansson (2009), p.226.を，ノリウッドに関して詳細は，Mahajan (2009), pp.148-153.（松本訳（2009），219-226頁。）を参照。

13）Hassan and Blackwell (1994), pp.76-100.

２つの基準で有望な先導市場には，ガディッシュらのいうところの「グッドイナフ」セグメント（新興企業が新しい製品やサービスを開発・発売する時，必ずしも製品に完全性を求めないという特徴を有する，新興市場に共通して存在するプレミアム市場とローエンド市場の中間に存在するセグメント）にも着目し積極的に投資を行う[14]。1997年頃のロシアなどのように長期的市場潜在性は高いが，短期的な利益に対する転換可能性が低い市場においては，モスクワやサンクトペテルブルグといった１つあるいは２つの主要都市において足掛かりとなるプレゼンスを確立し，投資規模を柔軟に変更できるようにしておくプラットフォーム型投資を行う[15]。長期的市場潜在性は低いが，短期的な利益に対する転換可能性が高いチェコ，南アフリカ共和国などにおいては，利益を確実にとっていくために巨額な販促費を投じるといった攻撃的投資を行う（図表６－４参照）[16]。

そして，この２つの基準で有望でない後続市場は投資対象としては考えられておらず，こうしたセグメンテーションがすでに自国市場で成功した製品やサービスを新市場に投入することを暗黙の前提としており，最低限度の修正で済む市場を探したいというニーズを充たすために行われてきたことが表れている。

14）ガディッシュらによれば，先見の明がある企業は，中国でこのセグメントにおいて規模を拡大しながら専門知識を獲得し，このセグメントにおいて獲得した能力や開発した製品・サービスをその他の新興市場や，先進諸国にも存在するこのセグメントに提供していく機会を虎視眈々と狙っている。グッドイナフという概念および新興国のトップランナーとしての中国市場の重要性に関して詳細は，Christensen (1997).（伊豆原訳(2000)。）及びGadiesh, Leung and Vestring (2007), p.82.（山本訳（2008)，90頁。）を参照。孫（2018）は日本のアパレル企業の中国のグッドイナフ・セグメント市場開拓のための製品開発について詳細に検討しており，注目に値する。また，李（2020）は制度的不備や固有の消費慣行などによる新興国市場のモザイク性に言及した上で，中国乗用車市場での奇瑞汽車などの民族系自動車メーカーの事例を分析し，非所得要因が主に購買行動に影響する非連続市場の存在を指摘し，中国の民族系自動車メーカーの一部が市場のモザイク性を絶好のシェルターとして用いて量的拡大期における廉価車市場，そして嗜好向上期に現れる大気（だあちぃ）なデザインを有するCity SUV市場を構築することによって（同書の図終－1の④⇒③⇒①という経路）成長していることを示しており，新興国市場での従来の想定とは異なる仮説に基づく研究であり注目に値する。

図表6－4　新興市場のポートフォリオ類型

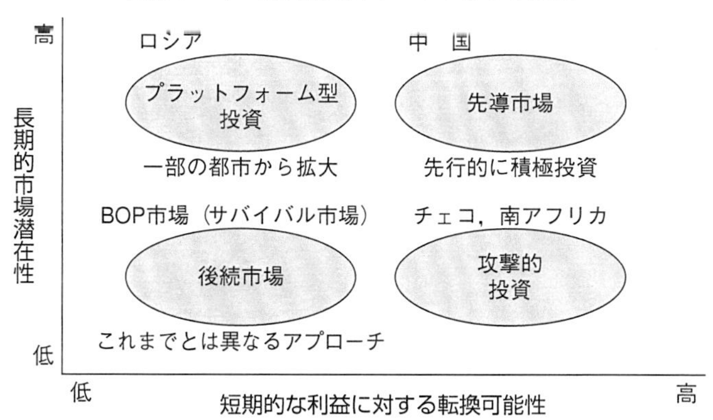

出所：Arnold and Quelch (2003), p.123.（諸上監訳（2005），89頁。）に，筆者が加筆。

しかし，上記の市場は一部の革新的な製品を除いて，競合は激しく，工夫してもすぐに模倣されてしまう傾向にあり，持続的に優位性を築くことは至難の業である。1999年，プラハラード・ハートは，従来ほとんど市場として関心を持たれなかったBOP市場（サバイバル市場）の潜在的な可能性を指摘し，世界的に注目を集めた[17)]。

BOP市場はベース・オブ・ザ・ピラミッド市場のことであり，経済ピラミッドの底辺において年収3,000ドル未満（購買力平価ベース）すなわち1日8.2ドル未満で生活している人々のことをさす。これらの市場は従来，国際機関やNGOの援助の対象として見られてきており，2006年にノーベル平和賞を受賞したムハマド・ユヌス氏により設立されたバングラディシュの貧しい人たちを対象にした銀行であるグラミン銀行など一部の先駆的事例を除いて[18)]，グロ

15）富山はロシア市場のこうした困難性に関して非常にさまざまな事例を用いて示している。詳細は，富山（2004）を参照。

16）Arnold and Quelch (2003), pp.123-124.（諸上監訳（2005），88-89頁。）を参照。

17）BOP市場に関して詳細は，Prahalad (2005).（スカイライトコンサルティング訳（2005)。）及び Hart and Milstein (2003), Chapter 6.（諸上監訳（2005），第5章。）を参照。なお，この部分の内容は主として両文献に基づいている。

図表6－5　BOP市場の可能性

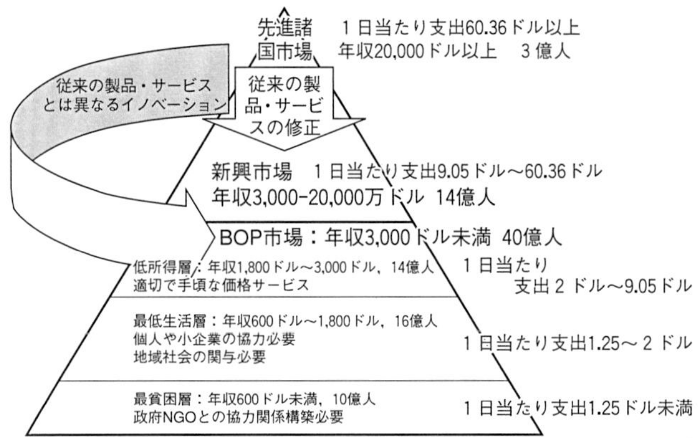

（注）年収は購買力平価ベースである。

出所：Prahalad（2005）（スカイライトコンサルティング訳（2005）第2章及び第3章，Rangan, Chu and Petkoski (2011) 及びArnold and Valentin (2013) の内容に基づいて筆者が作成。

ーバルな事業展開を行う企業の一部があくまでも社会貢献活動の対象として捉えてきたに過ぎなかった。

BOP市場を構成する人々の所得は1人当たりにすると非常に少ないが，人類の80%の約40億人がここに位置しており（図表6－5参照），合計すれば既に相当の規模に達しており，その潜在性は計り知れない。

18）大学教授であったユヌスは，バングラディシュにおいて地域の最も貧しい住民を対象にしたマイクロ・クレジット（小口貸付）に焦点を当てたグラミン銀行を自ら設立し，現在，世界中に普及しているマイクロ・クレジットの先駆的事例として成功を収め，現在では銀行だけではなく，低価格でのヨーグルトの普及，白内障の治療，ソーラーパネルの普及など多様な取り組みに応用され，低価格ヨーグルトの普及でダノンと手を組んだように，BOPビジネスにおいて幅広い対象と連携しながらその手法を拡大してきている。グラミン・ダノンの取り組みに関して詳細は，江村・佐藤（2009），28-29頁を参照。なお，マイクロ・クレジットに関してはあまりにも有名になったために無法地帯化しているとの指摘もある。マイクロ・クレジットの無法地帯化について詳細は，Sinclair（2012）.（大田訳（2013）。）を参照。

BOP市場のうち最貧困層である約10億人は，1日1ドル未満の非常に苦しい生活を強いられており，すぐに市場としてとらえるのは難しい[19]。しかし，それ以外のBOP市場を構成する人々は，他の豊かな階層に比べて，銀行口座，通信手段，電気，水などの基本的インフラが整っておらず，正規でないインフォーマルな市場へのアクセスしかないがゆえに，高いコストを強いられているに過ぎず[20]，一部の多国籍企業はこうした課題を克服し，社会貢献活動の対象としてではなく，BOP市場をすでに世界に残された新たな，広大な市場として捉え，成功を収めている。

課題克服にあたって，多国籍企業は，従来標的としてきた市場とは全く異なった技術，製品・サービス，ビジネスモデルが必要とされるが，BOP市場で課題を克服し，一度基盤を確立してしまえば，他社が模倣することは困難であり，以後，成長の可能性が高い市場において継続的に優位な地位を確保できるのである。そして，BOP市場で課題を克服した経験の蓄積は，他のBOP市場においても，ある程度利用可能である。

BOP市場で新たな製品開発やビジネスモデルによって成功した代表的事例としては[21]，ユニリーバ社のインド子会社があげられる。同社はインドの農村向けに，低価格の1回使い切りの小分け製品を開発し，口コミで製品の有用性を伝達するために子供たちを対象に学校でキャンペーンを行い，プロジェクト・シャクティと呼ばれる，未発達なインフラ状況において現地の優秀な女性を活用した流通チャネルを構築し，成功を収めた[22]。

こうした成功において得た革新的な製品や，流通チャネル構築で獲得したビ

19）多国籍企業の貧困削減に関する取り組みに関しては，菅原（2007）を参照。菅原はBOP市場を提唱したプラハラード・ハモンドの他に，ロッジによるWDC（世界開発企業）の創設の動向やミレニアム開発目標に基づく，UNDP（国連開発計画）の持続可能なビジネス育成（Growing Sustainable Business，略称GSB）プロジェクトの始動に関しても触れ，多国籍企業の貧困削減への取り組みについて包括的に述べており，その概要をとらえるのに有用である。菅原のワーキングペーパーは，菅原氏のホームページ（http://www.sugawaraonline.com/）より入手可能である。

20）Hammond, Kramer, Katz, Tran and Walker (2007), pp.4-5.

ジネスモデルは，先進国出身の多国籍企業のみならず，インド最大手の携帯電話事業者バーティ社のアフリカ進出の事例[23]にみられるように，BOPを多く抱える諸国出身の現地企業を通じて，アフリカなど他のBOP市場に拡大されている。さらに，BOP市場で開発された製品やビジネスモデルは先進諸国市場でも販売されるあるいはそのノウハウが移転されるといったことがなされ，リバース・イノベーションと呼ばれ注目されている[24]。

21）この事例に関して詳細は，ジェトロ海外調査部北米課（2008），95-125頁を参照。なお，ユニリーバ社は世界各地で低所得階層への働きかけを行っているが，クレイはユニリーバ社のインドネシアでの低所得階層への取り組みについて詳細に示しており，有用である。ユニリーバ社のインドネシアでの取り組みについて詳細は，Clay (2005). を参照。野村総合研究所が作成したBOPビジネスの先進事例を示した事例集（http://www.meti.go.jp/committee/materials2/downloadfiles/g91002a09j.pdf）は，P&G，ナイキ，SCジョンソンといった世界の有名企業の不成功事例も分析しており，BOPビジネスの困難さを示す事例として有用である。

22）チクウェチェ・フレッチャー（2012）は，BOP市場におけるマーケティング・ミックスの修正に関して未発達なインフラへの対応としてソーシャル・ネットワークを前提にした直接的な働きかけや既存のソーシャルネットワークを用いた手法の有用性を示すのに加えて，特にインフォーマルな流通チャネルの利用を強調しながらより包括的に示しており注目に値する。パヤウド（2014）は，BOPマーケティング戦略を低価格，小分け包装，消費者への接近といったBOP消費者を標的としたマーケティング戦略，消費者教育，消費者ニーズへの対応といった部分を加えたBOP消費者志向マーケティング，さらに公正かつ包括的な成長といったCSRの部分を加えた真のBOPマーケティング戦略という３次元でとらえた上で，ネスレ，ダノン及びP&Gの事例を具体的に検討し，グローバル及びグローカルの２段階に分けた国際マーケティング概念とともに論じており注目に値する。

23）バーティ社は，インド事業で培った薄利多売のビジネスモデルを用いて，2009年にスリランカ，2010年初頭にバングラディシュというように当初，隣国への進出を行っていたが，2010年6月にクウェートのザイン社から15カ国に展開していたアフリカ事業を，８月にはテレコム・セーシェルを買収することによって，アフリカ第2位，世界第５位の携帯電話事業者となり，さらなる成長を目指している。バーティ社のアフリカ進出に関して詳細は，宮下洋子・松本祐一「アフリカ編（3）アフリカ市場における新興国キャリアの参入と戦略」『Wireless wire News』のサイトの世界のモバイル事情(http://wirelesswire.jp/Global_Trendline/201102031600.html）の部分を参照。

図表６－６　2000年代の世界での貧困層の減少

	貧困		低所得		中間所得		中の上所得		高所得	
	2001	2011	2001	2011	2001	2011	2001	2011	2001	2011
全世界	**29**	**15**	50	56	7	13	7	9	6	7
アジア＆南太平洋	**36**	**16**	58	69	4	11	2	4	1	1
アフリカ	**49**	**39**	45	54	5	6	1	2	0.5未満	0.5未満
南　米	17	7	**55**	**46**	**16**	**27**	9	15	3	4
中米＆カリブ	**13**	**10**	57	56	19	21	9	10	2	3
欧　州	1	0.5未満	**31**	**15**	20	24	29	36	19	26
北　米	**4**	**2**	14	18	**10**	**12**	26	27	43	42

（注）１．貧困層は一日当たり２ドル以下，低所得は2.01～10ドル，中間所得は10.01～20ドル，中の上所得は20.01～50ドル，高所得は50ドルより多い所得である。
２．濃くしてある部分は増減が最も多い階層である。

出所：Pew Research Center (2015) で示された図表と内容及びDurand (2019), pp.299-301. の内容に基づいて，筆者が作成。

BOPに関しては，2000年代の最初の10年間において，貧困層が激減し，貧困層から低所得階層となった人口が多かったこともあり，その市場の潜在性の高さから注目が集まった（図表６－６）。しかし，BOP市場を単なるボリュームゾーンとして捉えた多くの試みは成功しておらず，批判もなされた。

近年では，BOP層の新たな捉え方が推奨されてきている。シマニスは，ユニリーバ・インドBOP市場における既述の成功事例を批判的に検討した (Simanis 2012)。彼によれば，同社は現地の優秀な女性をビジネス・パートナーとして捉えて育成し，一定の成功を収めたが，パートナーシップと埋め込み

24）リバース・イノベーションに関しては，ゴビンダラジャン・トリンブル（2012）（渡辺訳（2012））を，リバース・イノベーションの類型化に関しては，Von Zedtwitz et al. (2015）を参照。松井（2017）はエプソンがインドＬシリーズと呼ばれる新興国専用モデルを開発した上で，日本にもエコタンク方式としてノウハウを移転した事例を提示しており，日本におけるリバース・イノベーションの導入事例として注目に値する。古川（2021），130-132頁は，リバース・イノベーションを含む新興国・発展途上国におけるイノベーションを表を用いて分かり易く示しており有用である。

が足りず，製品を販売する女性の離職率が高かったことを指摘している。

上記の批判などから，BOP層とより広範なパートナーが協力し，持続可能な産業育成を通じて事業の収益性と社会インパクトを高めていくBOP 3.0という新たな視点の導入が提唱されている。

代表的な事例として，ブラジルにおけるコカ・コーラの取り組みがある。コカ・コーラはブラジルにおいて，情報システム民主化委員会（CDI）とワールド・ビジョンという２つのNGOと提携し，BOP層の若者に小売やリサイクル業のスキルを教えることによって就業を支援することを目的とする「コレクティボ（集合）」というプロジェクトを立ち上げた。これらのNGOは，プロジェクトの受け入れに関心を持つ社会機関を探し，プロジェクトの事業化実現とコカ・コーラとコミュニティとの交流において活躍した。同プロジェクトは単なるCSR 事業の領域にとどまらず，ブランドの資産価値や現場での自社製品取扱い店舗数など，測定可能な経済指標を目標として掲げた。そして，それらの目標を達成するために流通の課題解決が不可欠であったため，現地大手小売業者ともパートナーシップを結ぶことになった[25]。

２．ポジショニング戦略

1　一般的なポジショニング手法

グローバル・セグメンテーションによって参入国が決定すると，参入決定国の市場のどの部分にポジショニングするかを決定する必要がある。自社が有する経営資源や各国の市場動向などを踏まえて，一般的に４つの可能性があるといわれる（図表６－７参照）[26]。

第１は世界共通ポジショニング（各国共通セグメント方式）である（図表６－８参照）。世界共通ポジショニングは，世界中で共通したセグメントを同一のポジ

25）BOP3.0及びBOP市場に関する多くの研究や事例に関して詳細は，Caneque and Hart（2015）（平本監訳（2016））を参照。

26）この一般的ポジショニングに関して詳細は，Hassan and Craft (2005）を参照。

図表６－７　ポジショニングテーマと各国で狙うセグメント

	世界中で共通したセグメント	異なるセグメント（ケースバイケース）
同一のポジショニングテーマ	①世界共通ポジショニング（各国共通セグメント方式）	②同一のポジショニングテーマで異なるセグメントを狙う戦略
異なるポジショニングテーマ	③異なるポジショニングテーマで世界中で共通したセグメントを狙う戦略	④現地化ポジショニング（国別多様セグメント方式）

出所：Kotabe and Helsen (2001), p.236.（横井監訳（2001），101頁。）を，Johansson (2006), pp.378-379.の内容と図表を参考に，筆者が加筆修正。

図表６－８　各国共通セグメント方式

国別市場セグメントの分布
高級ユーザー
下級ユーザー
標的市場
A　B　C　D　E　F

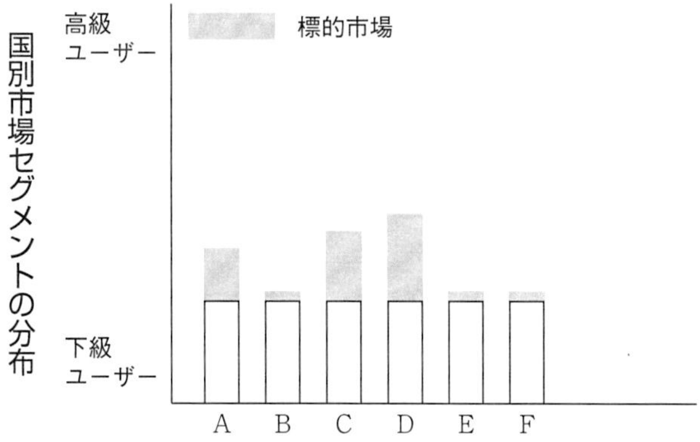

出所：Takeuchi and Porter (1986), p.138.（土岐・中辻・小野寺訳（1989），144頁。）

ショニングテーマで狙う戦略である。ハーゲンダッツが事例としてあげられる。同社のアイスクリームは，世界中のいかなる場所においても「大人の楽しみ」というコンセプトに基づいたプレミアム市場にポジショニングしている[27]。

第２は各国において異なるセグメントを同一のポジショニングテーマで狙う

27）Kotabe and Helsen (2001), p.237.（横井監訳（2001），101-102頁。）

図表6－9　国別多様セグメント方式

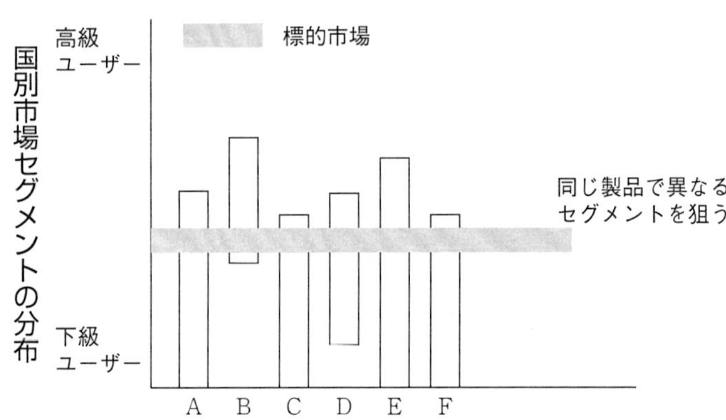

出所：Takeuchi and Porter (1986), p.139.（土岐・中辻・小野寺訳（1989），145頁。）

戦略であり，スウェーデンの家具の製造小売企業イケアが事例としてあげられる。イケアは世界中で即日利用可能な購入者自身が組み立てるセルフ組み立て方式という同一のポジショニングテーマを採用しているが，子供がいる家族を共通して狙う一方，各国ごとに重点市場を置いており，米国では単身者，欧州では新たに結婚する世帯，日本では自動車利用を前提としない都市生活者である[28)]。

第3は世界中で共通したセグメントを異なるポジショニングテーマで狙う戦略であり，P&Gのおむつブランドパンパースがあげられる。P&Gはいずれも赤ちゃんを育てる主婦市場を標的セグメントとしつつも，母国米国市場ではお母さんの不便さを解消する製品というポジショニングテーマによって狙う戦略を採用しているのに対して，日本では赤ちゃんに幸福を与える製品というポジショニングテーマによって狙う戦略を採用している[29)]。

第4は現地化ポジショニング（国別多様セグメント方式）である（図表6－9参

28）2014年4月に開店したイケア立川店の自動車利用を前提としない都市生活者に対する取り組みは，ポジショニングテーマの一部修正を含む異なるセグメントを探索する取り組みとして注目に値する。

照)。現地化ポジショニングは，各国において異なるセグメントを異なるポジショニングテーマで狙う戦略である。マクドナルドが事例としてあげられる。マクドナルドは世界中で製品自体の品質や価格はほぼ同一であるが，先進諸国では日本での「100円マック」に代表されるように，低所得階層を標的とし，ファストフードという側面を打ち出しているが，発展途上国では欧米のライフスタイルの象徴として，中間階層以上の家族の団欒という側面を打ち出している。

2　ブランドを文化の象徴として位置づけるポジショニング

上記の4つのポジショニングは，消費者の置かれている状況変化に対応してポジショニングテーマを設定してきた。しかし，ソニーの「マイ・ファースト・ソニー」やベネトンの「ザ・ユナイテッド・カラーズ・オブ・ベネトン」のように，企業活動のグローバル化が進み，グローバル製品が普及する中で，国によってグローバル製品と現地製品への態度は異なるので（図表6－10参照），企業は各国の消費文化の相違を踏まえて，自社のブランドの位置づけをポジショニングしている。

例えば，アップル社やレッドブル社の戦略はグローバル化によって生じた消費者文化の具体的変化である，世界の消費同質化という状況を自社のブランドイメージに重ねることによって，両社の製品を利用することがあたかも世界の最先端の消費者であるということをイメージさせているのである。このように，自社のブランドをグローバルな消費文化の象徴として位置づけるポジショニングをGCCP（グローバル消費者文化志向ポジショニング）と呼ぶ。

29）Johansson (2006), pp.378-379. なお，P&Gはユニ・チャーム社による「肌にやさしい」という赤ちゃんの快適性を重視した視点に「履かせやすさ」という育児者の利便性という視点を組み合わせたギャザーを付けた製品である履かせるオムツ「ムーニーマン」の開発により，日本におけるベビーケア市場においてユニ・チャーム社に大きく差をつけられている。しかし，同社はきめ細かさにこだわる消費者に対応し続けるユニ・チャームと花王との競合が起こっている日本市場を，ラーニング市場として捉え，ここで獲得した技術をグローバルに展開し，グローバル市場では1/3以上のシェアを獲得している。日本のおむつ市場とその特殊性に関して詳細は，西川（2009），153-182頁を参照。

図表6－10　各国のALPとAGPに関する得点の分布

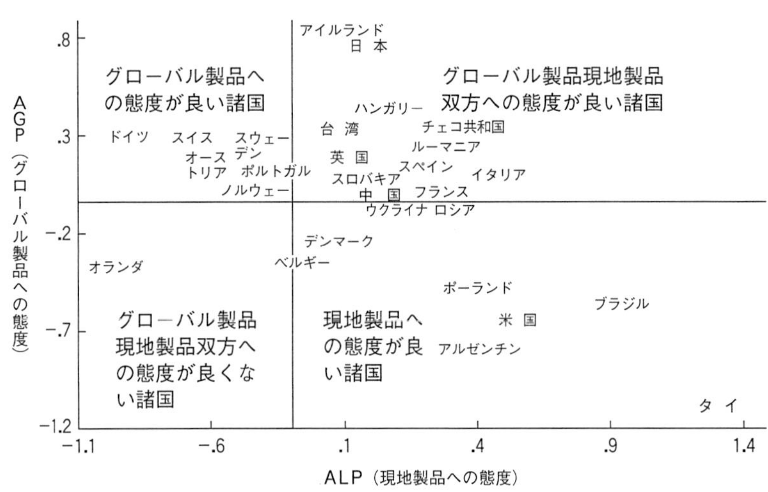

（注）各国の得点は，各国間のALPとAGPを平均得点を0として示している。
出所：Steenkamp and de Jong (2010), p.31の図に，筆者が一部加筆。

それに対して，FCCP（外国消費者文化志向ポジショニング），LCCP（ローカル消費者文化志向ポジショニング）というポジショニングも存在する。FCCPは自社のブランドを特定の国の文化の象徴として位置づける戦略であり，外国の文化を欲する消費者に対する原産国効果（country of origin effect，COO効果と呼ばれる）[30]を期待し，スイスの時計，ドイツの家庭用器具，日本のAV機器や楽器[31]といったように特定製品のイメージがよい国のイメージをアピールする。

代表的な事例はイケアである。同社は2006年末現在，全世界33か国250店舗を展開している。イケアは海外においては，自社が北欧家具で有名なスウェーデン出身の企業であることを前面に打ち出し，製品名にスウェーデンの地名を使用し，店内にスウェーデン料理を出すカフェテリアを併設している[32]。

他方，新興国発のグローバル企業はネガティブな原産国イメージを克服することが課題となる。ある国で生産されたという原産国イメージは直接的に購買意図に影響を与えるというよりは原産国イメージがブランド・イメージを介して購買意図に間接的に影響を及ぼすという研究がある。欧米日に比べて遅れて発展した韓国は2009年に大統領直轄の国家ブランディングチームである国家ブランド委員会を創設し，ドラマ，音楽及びゲーム等のコンテンツを通じて，韓国に対するポジティブなイメージを醸成し，韓国発の製品やブランドを受け入れやすい土壌を作った[33)]。

LCCPは自社のブランドを現地文化の象徴として位置づける戦略であり，自身の現地文化を欲する消費者に支持されることを目指す。代表的な事例はメルセデスと美しい国キャンペーンであり，メルセデス社は日本で中価格のEクラ

30）原産国効果に関しては多様な研究がなされており，注目に値する。例えば，ブランドの原産国効果はブランドの製品の生産国ではなく，出身国に起因するといった結果を示した研究，組立国効果（country of assembly effect, COA効果）や部品産地効果（country of parts effect, COP効果）について示した研究，原産都市効果（city of origin effects）など原産地という場合にも国境を越えた地域（大陸，貿易圏），国，サブ地域（ロッキー地方，シャンパーニュ地方など），都市，地区（ニューヨークのソーホー地区，ドイツのゾーリンゲン地区）などのレベルに関して示した研究，COO効果に強い影響をもたらすアニモシティ（特定国への反感），エスノセントリズム（自民族中心主義）及びノスタルジアが製品評価や購買意思決定に及ぼす影響に関する研究などがある。原産国効果に関する研究に関して詳細は，朴（2012），寺崎（2021）を参照。リー・リー（2013）は日中関係悪化の中で外国製品の購入とアニモシティに関して，歴史的アニモシティと現代的アニモシティという2次元で検討しており注目に値する。上記の研究に関して詳細は，Chao (1998), pp.1-6, Agrawal and Kamakura (1999), pp.255-267, Verlegh and Steenkamp (1999), pp.521-546, Chao (2001), pp.67-81, Lentz, Holzmüller and Schirrmann (2007), pp.251-274. 及びUrbonavicius, Dikcius, Gineikiene and Degutis (2010), pp.181-202. を参照。

31）ヤマハなど日本の楽器メーカーは，音楽教室を通じた指導者育成など30年以上にわたる努力によって楽器の生産国としてイメージを確立した。ピアノの生産台数世界一となった中国楽器メーカーパール・リバー社は，著名なドイツ人デザイナークラウス・フェンナーのデザインモデルを導入したことを強調することによって対抗しようとしている。詳細は，Hollensen (2011), p.478を参照。

32）イケアの戦略に関して詳細は，Jungbluth (2006).（瀬野訳（2007））を参照。

33）上記に関して詳細は，Diamantopoulos et al. (2011) 及び古川（2021），150-158頁を参照。韓国の国家ブランディングの変遷に関して詳細は，小針（2019）を参照。

ス車を発売した際に，広告には日本の風景やイメージを使用し，現地志向性を強調した[34]。

これらのアプローチは１つだけを選択しなければいけないというものではない。GCCPの要素を基本としながらも，LCCPを入れる合成的アプローチが有用な場合もある[35]。アディダス社は，世界的にはサッカー，ランニング，テニスを強化しグローバル・ブランドであることを前面に押し出しながらも，日本では野球，米国ではバスケットというように，各国ごとに現地化も促進し，各製品は各国の仕様に合わせてきめ細かな対応を行っている。

また，スティーンカンプ（2014）はグローバル・ブランドを価格帯ともたらす恩恵の性質の２軸で４区分した上で，価値の源泉，価値の伝達，評価される成果を示し，その中で消費者文化対応にも言及している（図表６－11参照）[36]。

34）"Mercedes-Benz Japan Drifts Down to Earth Alongside Economy", *Advertinsing Age International*, October 1997, p.36.

35）Alden, Steenkamp and Batra (1999), p.84.

36）スティーンカンプ（2014）に関して詳細は，Steenkamp (2014), pp.6-7. を参照。

図表6－11　グローバル・ブランドの類型ごとの4Vモデルに基づく対応

		プレステージブランド	ファンブランド	プレミアムブランド	バリューブランド
価値の源泉	対消費者	プレステージ性；外国産の神話	グローバルであること	認知された質	
	経済性		生産及びサプライチェーンにおける規模の経済性	R&Dにおける範囲の経済性；良質な技術者蓄積	生産及びサプライチェーンにおける規模の経済性
	マーケティング	最良アイデアの蓄積；メディアによる影響	グローバルセレブリティの利用		
	組　織	特に本国出身のトップタレントの支持を得ること	急激な成功の開始；世界中のトップタレントの支持を得ること	急激な成功の開始	内部オペレーションを簡素化すること；コーポレート・アイデンティティ
価値の伝達	セグメンテーン基準	大都市；ライフスタイル；感情的恩恵	大都市；ライフスタイル；感情的恩恵	大都市；製品属性；機能的恩恵；手段目的の連鎖	製品属性
	主要標的階層	エリート	ティーン／ヤング都市のプロフェッショナル	質の追求者	価値の追求者
	消費者文化対応	FCCP；GCCP（もしCOOが好まれないなら）	GCCP	FCCP，GCCP（もしCOOが好まれないなら）；LCCP（自国市場では）	LCCP
	調　停	文化的（FCCPの場合）	経済的	経済的	経済的
	マーケティング・ミックス	グローバル統合	グローバル統合＋ワールドワイド・ラーニング	ワールドワイド・ラーニング	現地適応化
評価される成果	プレミアム対市場シェア	価格プレミアム	市場シェア	価格プレミアム＋市場シェア	市場シェア
具体例	海　外	パティックフィリップジャガー	スウォッチ，ザラ，H&M	フォルクスワーゲンのアウディ	ルノーのダチアアルディのPB
	日　本	ハナエモリ	ユニクロ	レクサス	トップバリュー

（注）地理的セグメンテーション（大都市にフォーカス）は特に新興市場に適用している。
出所：Steenkamp (2014), p.23.の表を，筆者が一部加筆修正。

Ⅶ グローバル市場参入戦略

1．グローバル市場参入方式の決定要因

グローバル市場参入方式の決定要因は多国籍企業論において研究されてきたものであり，いかなる場合にいかなる参入方式になるのかを示そうとしてきた。市場参入方式の決定要因についてさまざまな実証研究がなされてきたが1)，決

図表7－1　参入方式の決定要因

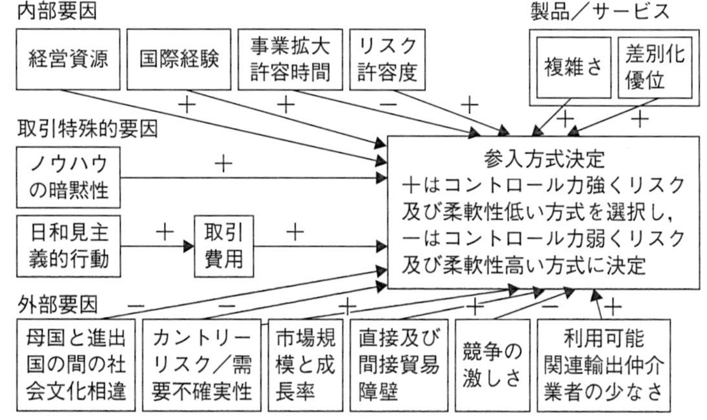

出所：Hollenson (2013), p.334の図を，Alon (2013), p.204の内容などに基づいて，筆者が一部修正し作成。

1）市場参入方法の選択に関しては，現在でも多様な研究がなされているが，既存研究は以下の理論をベースに発展してきた。その理論は，時代順にハイマー理論，国際製品ライフサイクル理論，国際化理論，取引コスト理論，折衷理論，資源ベース理論である。市場参入方法の選択に関する理論に関して詳細は，Sharma and Erramilli (2004), pp.1-18.を参照。日本における多国籍企業の市場参入行動に関する代表的な研究書としては，藤沢（2000）があげられる。

図表７－２　参入方式選択要因の図式

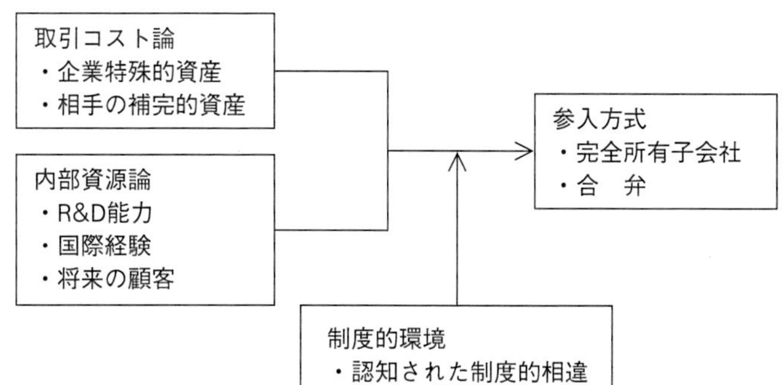

出所：Chiao, Lo, and Yu (2010), p.343.

定要因は非常に多様であり（図表７－１参照）[2)]，参入を説明する決定要因と参入方式の関係は依然としてはっきりとしない部分がある[3)]。

多様な研究の中でもダニングのOLIパラダイムは一般的に用いられてきた。多国籍企業論での直接投資により外国企業を支配下に置く所有（Ownership），経済地理学における立地論に通じる立地（Location），経済学における取引費用の理論を勘案した内部化（Internalization）という３つの優位性を折衷した分析枠組みを構築したことから折衷パラダイムといわれる。図表７－２は中国市場に参入する台湾メーカーに関する研究であり，企業特殊的資産が多ければ完全所有子会社を，現地企業の補完的資産が多ければ合弁を選択し，内部資源に関してはいずれの資源も多ければ完全所有会社を選択し，制度的環境の認識を強く認識すれば完全所有子会社を選択することを示した[4)]。

２）参入決定要因をめぐる既存研究に関して詳細は，Gao (2004), pp.40-43. を参照。

３）Anderson (1997), p.39.

４）最近の研究としては，松江（2021）がOLIパラダイムに国家（State）と為替相場（Exchange Rate）を加えたOLI＋SEという枠組みを用いて，ブラジル出身の代表的多国籍企業JBS，エンブラエル，ヴァーレの事例を検討した研究があり，ブラジルがBRICSの一角を占める主要新興国であるだけに注目に値する。

図表7－3　各参入方式の特徴

<table>
<tr><th></th><th></th><th>コントロール力</th><th>投入資源</th><th>変動費</th><th>固定費</th><th>市場シェア</th></tr>
<tr><td rowspan="2">輸　出</td><td>間接輸出</td><td rowspan="7">↓</td><td rowspan="7">↓</td><td rowspan="7">↑</td><td rowspan="7">↓</td><td rowspan="7">↓</td></tr>
<tr><td>直接輸出</td></tr>
<tr><td rowspan="3">ノウハウの提供</td><td>ライセンシング</td></tr>
<tr><td>フランチャイジング</td></tr>
<tr><td>契約生産</td></tr>
<tr><td rowspan="2">出資を伴う直接投資</td><td>ジョイントベンチャー</td></tr>
<tr><td>完全所有子会社</td></tr>
</table>

出所：Jeannet and Hennessey (2004), p.311.の表の枠組みに基づいて，筆者が一部加筆修正。

2．参入方式

1　参入方式の分類

参入方式は，製品のみを販売する輸出から単独で現地法人を設立する新会社設立による進出まで多様であるが，それらは①製品を海外で販売する輸出，②生産・販売の権利を現地企業に与えて利益を得るノウハウの提供，③出資を伴う直接投資の3つに区分されてきた[5)]。そして，近年では，メガコンペティションに伴う競争状況の変化から，自社が全部門を保有するのではなく，他社との協力が成功の前提となり，外国市場への参入方式としても上記の3つの区分に加えて，第1章の図表1－4で示した既述の戦略的提携が重視されるようになった。

各参入方式は進出側が有するコントロール力，必要とする投入資源の大小，変動費と固定費のバランス，獲得できる市場シェアの大きさがそれぞれ異なっており（図表7－3参照）[6)]，各参入方式の特徴を見極めて選択する必要がある。

また，各企業が参入国1カ国について，1つの参入方式のみを選択すること

5）丸谷（2001），200-201頁。

6）Jeannet and Hennessey (2004), pp.310-311.

図表7－4　輸出形態とその特徴

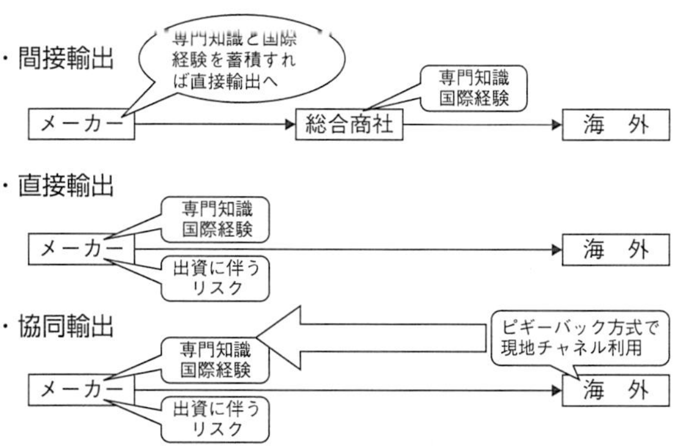

は少ない[7]。製品ごとに参入方式を変える場合や地域ごとに参入方式を変える場合もあり，上記の全ての選択肢を考慮に入れ，その組み合わせを検討することが重要である。

2 輸　出

①　間接輸出

間接輸出は，企業が自社製品を自社の本国の中間業者を通じて外国市場に販売することである。中間業者には輸出管理会社（EMC），輸出エージェントなどがあり，日本の総合商社などが代表的事例である（図表7－4参照）。

メリットとしては輸出についての専門知識を有する機関を用いるので，すぐに実行でき，リスクが小さいことがあげられる。デメリットは中間業者があくまでも輸出の専門知識を有しているに過ぎないので，その製品に適した顧客対応をするとは限らないこと，現地情報獲得の困難さなどがあげられる。そのため，間接輸出は中小企業が外国進出初期段階に用いることが多い[8]。

7）Jeannet and Hennessey (2004), p.315.

8）森辺（2020）はアジア新興国市場を対象に中小企業の海外進出に関して進出しないことのメリットを分かり易く明示している。詳細は，森辺（2020），224-225頁を参照。

② 直接輸出

直接輸出は，企業が自社製品を自社が創設した輸出部門を通じて外国市場に販売することである。間接輸出のデメリットである不適切な対応や現地情報獲得の困難さは克服されるが，出資を伴うので，相当大きなリスクが生じる。近年では，少額決済のシステムの構築や電話センターの普及に伴って，インターネットを通じた直接輸出が拡大している[9]。

③ 協同輸出

協同輸出は現地企業の協力を得て販売を行うことであり，①と②の中間的な位置づけとなる。その代表的なものがピギーバック方式である。ピギーバックは肩車を意味するが，自社の製品を既に現地の流通チャネルを有する企業のネットワークに載せることである。

3 ノウハウの提供

ノウハウの提供は，国境を挟んだ事業者の担当する役割によって分類できる(図表７－５参照)。

① ライセンシング

ライセンシングはライセンサーである企業がロイヤルティの支払いと交換に，ライセンシーである外国企業に所有資産の一部を提供する契約である。提供する資産は商標，技術ノウハウ，生産工程，特許などである。

ライセンサー側のメリットは，少ない投入資源で外国市場への浸透が可能なことであり，ライセンシー側のメリットは既に確立した商標や技術ノウハウなどを利用できることである[10]。

９）Lee and Carter (2005), p.174.

10）スターバックスは2018年５月にネスレにスターバックスブランド製品全ての世界全体での小売販売ライセンスを供与し，スターバックスは71.5億ドルという巨額のライセンス料に加えて，ネスレの有するコーヒー供給に関する信頼とネットワークを通じて，ブランドを全世界の家庭に浸透させることができるとみられる。詳細は，Kotabe and Helsen (2020), p.314を参照。

図表７－５　ノウハウの提供

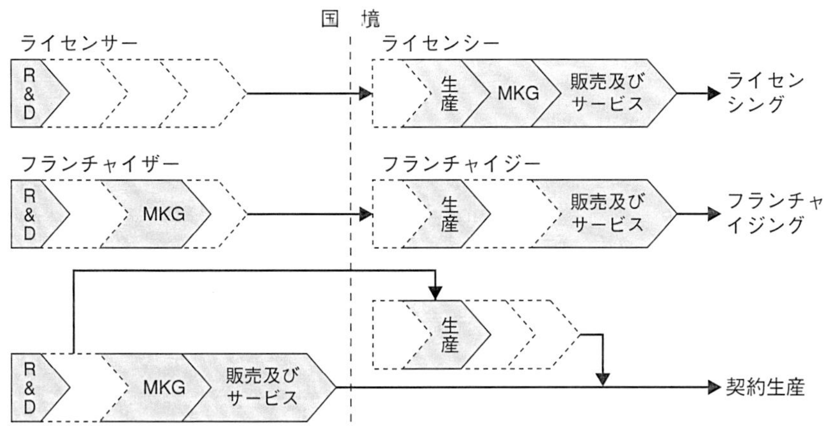

出所：Hollensen (2008), p.229.の図を，筆者が修正。

ライセンサー側のデメリットは，得られる利益が少ないということ，ライセンサー側が提供した商標を傷つける可能性があること，ライセンシーが契約終了後にライバルになってしまう可能性があることである[11]。

ライセンシングの成功事例としては，ハローキティーなどのキャラクター関連事業を行うサンリオ社があげられる。同社は2008年以降，H&M，ネスレ，スウォッチ，セフォラ，マークス・アンド・スペンサー，スワロフスキーなど世界へ事業展開を行っている主に欧州出身の多国籍企業へライセンシングを積極的に行った（図表７－６参照）。

11）ドリームベッドは，１社のライセンサーのブランドを前面に出すのではなく，自社ブランドに加えて，米国３大マットレスブランドのサータとウォーターベッドを展開するブリティッシュアメリカン，フランスのリーン・ロゼ，ドイツのルフといった欧米４ブランドのライセンス製造と日本での販売を長期間に渡って継続的に行うことによって，2021年に東証２部上場を果たした。こうした戦略はシモンズやシーリーの日本におけるライセンシーが１ブランドに特化し，シモンズはアジア23の国と地域に販売ライセンスを拡大し，シーリーはテンピュールに2013年に本社が買収された後にテンピュールブランドも手掛ける会社にライセンシーを移行したのとは対照的である。

図表7－6　サンリオのライセンシングによる世界展開

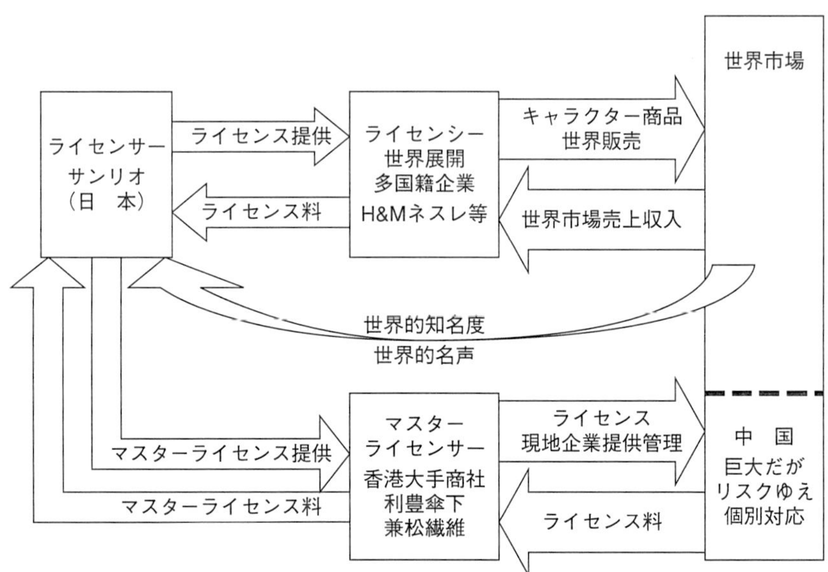

こうした取り組みは同社の売上高の約4割を占める海外事業において，ライセンス比率を2011年3月期までの5年間で2割から7割に引き上げ，従来の直営店による限られた海外展開からキャラクター商品販路の急拡大に寄与し，ライセンス収入の増加は収益構造の大幅な改善にもつながった。2014年5月に発表された米国ライセンス・グローバル・マガジン誌によるグローバル・ライセンサートップ150社ランキングでは，多くのハリウッド映画のキャラクターを扱う7位ワーナーブラザーズ社を上回り，バービーのマテル社の5位に次いで世界6位となった。

同社はこうした海外でのライセンス事業の成功を踏まえて，2011年10月には中国における著作権侵害のリスクや商慣習の相違への対応のため，2007年に香港の大手商社利豊（リー＆フォン）グループが買収した兼松繊維に，中国でのキャラクター事業を任せるマスターライセンスを供与し，巨大だがリスクが大きい中国におけるライセンス事業の拡大を目指している。

近年，競争のスピードが速いIT業界など一部の業界では，戦略的提携の一形態として，特許などを互いに供与しあうクロスライセンシングという手法が一般化している[12]。

②　フランチャイジング

フランチャイジングは，フランチャイザーである企業がロイヤルティの支払いと交換に，フランチャイジーにそのフランチャイザーの商号，商標，ビジネスモデルおよび／あるいはノウハウを担当地域において特定期間利用する権利を与えることである。

ライセンシングとの相違は提供するノウハウの内容であり，フランチャイジングはマーケティングや経営に関するノウハウ提供を含み，フランチャイザーはフランチャイジーに対してトレーニングや経営指導を行う。

フランチャイザー側のメリットは，少ない投入資源で自社の事業方式を世界に拡大できることである。フランチャイジングの場合，ライセンシングとは異なり，その提供するノウハウによっては現地への適応が求められることから，フランチャイジー側の企業の経験などを利用できることもメリットとしてあげられる。

永谷園ホールディングス傘下の「麦の穂」が展開するシュークリームチェーンであるビアードパパは，フランチャイジングのデメリットをしっかりと意識し回避することで海外展開に成功している。ビアードパパは看板商品であるシュークリームの品質管理に努め，シュー皮を日本とシンガポール（2014年に海外向け生産物流拠点として法人設立）の２カ所から輸出し，シュー皮を焼く際に日本と同じ状況で焼けるように，現地でのオーブンの温度や電圧などを逐次確認し，さらにクリームの手作業にこだわっている。現地で実際に店舗拡大を行うフランチャイジーと手作業のこだわりの重要性を共有するために，彼らを日本

12）情報通信分野で幅広く使われる標準化技術に欠かせない特許に関して，フランド（FRAND, Fair, Reasonable, And Non-Discriminatory，公正，合理的かつ非差別的な条件で他社の使用を認める）宣言が一般化しており，フランド宣言に関するアップルとサムスンのスマホ特許訴訟は，ライセンシングのあり方を規定する内容を含むだけに注目に値する。

に招いて実際に一緒に手作業してみるといったきめ細かな対応を通じて，ブランドを傷つけ価値を損ねるというデメリットを回避すべく工夫を重ねている。

マスターフランチャイジングは，フランチャイジングのメリットをさらに強く意識した形態であり，本国のフランチャイザーが現地の企業家に現地でのフランチャイズ権を与え13)，その現地フランチャイザーは権利を与えられた地域でのフランチャイジーの募集や現地適応策の考案を行う。

フランチャイジー側のメリットは，資金さえあればノウハウを提供してもらえるので，早期に事業を開始できることである。フランチャイザー側のデメリットは得られる収入が直接自身で進出するよりも少ないことであり，マスターフランチャイジングを用いない場合には国内よりも外国でのフランチャイジーの募集や指導が難しいことである。そのため，文化的近似性や物理的近似性がこの方式を利用するかの判断において一般的基準となっている14)。

また，ライセンシング同様，契約終了後にライバルになってしまう可能性があるというフランチャイザー側のデメリットもある。フランチャイジー側のデメリットは，ノウハウの提供や経営指導を受けるというメリットの裏返しではあるが，経営の裁量権が小さいことである。

③　契約生産

契約生産は自社の製品や部品の生産を現地の製造業者に委託することであり，その製品のマーケティングは委託した側の責任で行われる。

委託した側のメリットは費用節約であり，このメリットを意識して多くの場合，委託先が立地する国は労働費用が安価な国である。委託された側のメリットは，技術さえあれば仕事が獲得できることである。

世界の工場となった中国，追随したベトナム，バングラディシュなどの発展途上国の多くは，工業化の初期段階において，輸出加工区での単なる組立（縫製）を行うことによって，アパレル産業などにおいてグローバル・バリュー・

13）Kotabe and Helsen (2001), pp.294-295.（横井監訳（2001），182-183頁。）

14）Preble and Hoffman (1995), pp.80-88.

チェーンに安価な労働力を活用し参入した。その後外資からの委託によるOEM（original equipment manufacturing）生産を経て，自らのブランドによるOBM（original brand name manufacturing）等に至るまでの発展を目指している。いわば下請けからの成功は容易ではないが，一部のメーカーは自社にないノウハウを後述のM&Aを含めた方法を駆使して獲得することを通じて成功を収めている。

例えば，現在世界第2位の家具メーカーと中国のOEM受託企業出身のラッカークラフト社はOEM委託元の経営不振を契機に米国ユニバーサル社を買収後再建し，自社にはない販売などのノウハウを吸収した。その後も経営不振に陥った家具関連企業の買収後再建することを繰り返すことによって現在の地位を確保した[15]。

今や産業のコメといわれ重要視されるようになった半導体産業においては，台湾のエレクトロニクスメーカーがこのメリットを活かして受託生産で大成功した。その代表がTSMC，鴻海（ホンハイ）精密工業，広達（クアンタ）電脳である[16]。TSMCはファウンドリーと呼ばれるビジネスモデルの開拓者であり，ファブレスと呼ばれる半導体設計企業と組むことによって，サムスン，インテルと並ぶ今では世界3大半導体製造メーカーとなり，微細加工では3社の中でトップとなった。

ホンハイはEMS（電子機器の受託製造サービス）の世界最大手であり，中国にある工場で米アップル社のiPhoneや中国のシャオミのスマホやゲーム機などを受託生産することによって成長し，日本では老舗家電メーカーのシャープを買収したことで有名となった。

クアンタはODM（相手先ブランドによる設計・生産）の先駆的企業である。ODM企業は自前の研究開発（R&D）部門やマーケティングチームを持ち，顧客企業の商品コンセプトに沿った製品を設計し，生産する。EMSとODMの

15）ラッカークラフト社の事例に関しては，Mao, Li, Liu（2015）を参照。
16）受託生産に関して詳細は，村山（2021）第1章を参照。

図表7－7　受託生産を前提としたエレクトロニクス産業のサプライチェーン

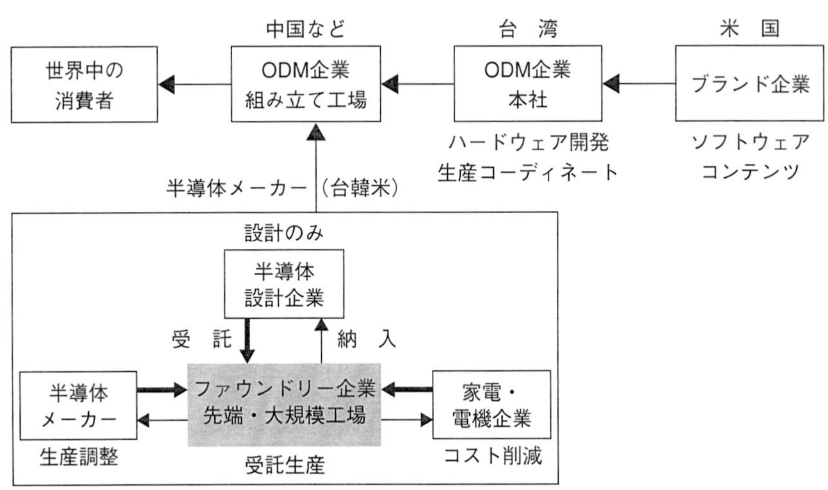

出所：村山（2021）第1章で提示した2つの図をベースに，筆者が一部加筆修正。

事業は重なる部分が多いが，最大の相違は製品設計能力を強調するかしないかにあるといわれる。同社はノート型パソコンやタブレット，サーバー，スマートウォッチなどさまざまな製品を独自に設計し，大手IT企業に採用を働きかけることで成長してきた。現在では次の主力製品候補としてスマートグラスを，提携したSTマイクロ社のディスプレイ技術を応用しながら設計・製造し，各ブランドに採用を働きかけたり，自動車の自動走行技術に資金を投じるなど，製品の幅をパソコン以外にも広げようとしている。

4　出資を伴う直接投資

①　ジョイントベンチャー

ジョイントベンチャーは，現地企業などのパートナーと共同出資によって創業した企業のことである。現地のパートナーは現地情報や人脈を有していることが多く，発展途上国進出に際してはよく用いられる手法である。現地のパートナーは出資を行う代わりに，所有する現地情報や人脈を用いて，現地の流通

図表７－８　中国市場の製品自由度マトリックス

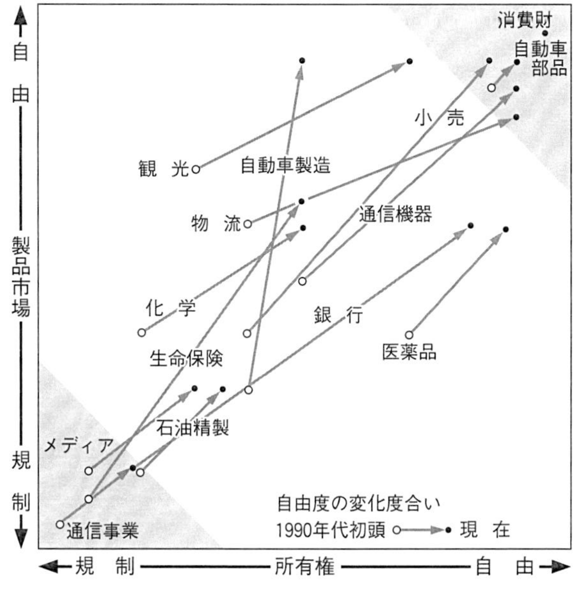

出所：Tse (2010), p.59.（ブーズ・アンド・カンパニー訳（2011），77頁。）

チャネルへのアクセスの提供などを行うケースも多く，このジョイントベンチャーのことを，一般的な出資ジョイントベンチャーに対して，協働ジョイントベンチャーという17)。

ジョイントベンチャーのメリットは，パートナーからの情報や人脈の提供が期待できること，現地受入国からの反発が少ないこと，100％出資が規制されている場合でも参入できること及び現地の流通チャネルの構築や人材の確保が容易なことなどである。

図表７－８は，中国において多くの産業で規制緩和が開始された1990年初頭と2010年現在の中国の所有権の自由度（出資比率制限）と市場における自由度（製品製造と販売に関する政府の規制の程度）を示している。中国市場では，

17) Kotabe and Helsen (2001), pp.298-299.（横井監訳（2001），186-187頁。）

1990年初頭において幅広く用いられた出資制限を回避し，政府規制について理解するために，ジョイントベンチャーが用いられていたが，規制緩和が進んだ産業ではジョイントベンチャーからよりコントロールが容易な方式に変化していった。

例えば，ユニ・チャームは水不足のMENAと呼ばれる中東・北アフリカ地域にいち早く目を付け，1993年にサウジアラビアの現地大手紙おむつメーカーのガルフ・ハイジェニック・インダストリーズへ技術供与を行った後，2005年に同社株の51％を取得し，本格進出を果たし成功を収めつつある。同社は，テレビCMに赤ちゃんのおしりを見せることがないなどマーケティングのハードルが高いイスラム圏において，現地のパートナーの有する「スーク」と呼ばれる伝統的市場における販売網や人脈を活用し，先行するP&Gのシェアを猛追している[18]。

ジョイントベンチャーのデメリットはパートナーとの意見対立の可能性である。特に，国際的なジョイントベンチャーは外国企業をパートナーとするケースが大部分であり，進出する側は市場機会を求めて参入するのに対して，受け入れる側の企業は技術やブランドの獲得を目的とすることが多い[19]。そのため，ジョイントベンチャー締結前に明確に解消後の取り決めをしておくことが重要となる[20]。

パートナーの選択の成否がジョイントベンチャーの成否を決定してしまうともいえる。スターバックス・コーヒーはすばらしいパートナーを得て成功した代表的事例である。同社は現地パートナーとの協力によって，78カ国に28,000店舗以上を展開している。

同社の日本進出は北米以外で最初の海外進出であり[21]，日本で開発されたＪスタイルと呼ばれる方式は海外進出の１つのモデルとなっており，パートナ

18）ユニ・チャームのMENA諸国進出に際して詳細は，成瀬（2009）を参照。

19）中国の自動車産業などにおける「以市場換技術」（中国市場の一部を外資に譲り，その代償として技術移転を受ける戦略）が典型事例である。

20）Gillespie, Jeannet and Hennessey (2004), pp.242-243.

ーであるサザビー・リーグは「アフタヌーンティー」といった時間消費型の小売レストランの営業経験を有しており，まさに同社が掲げるパートナーとなる基準を充たす最良のパートナーといえる。スターバックス・コーヒー・ジャパンは，1996年8月の1号店（銀座松屋通り店）の開業から約17年後の2013年9月に1,000店舗に到達し，2015年3月にジョイントベンチャーを解消したが，2018年6月末現在1,363店舗を展開する大成功を収めた。そして，パートナーの選択は中国インドにおいても重視され，広大で多様性を持つ中国では1社にパートナーを絞るのではなく，北京では香港資本，インドでは大手財閥タタグループ傘下企業というように各地域の実情に精通したパートナーを選択することで成長している[22]。

他方，ダノンは1996年現地の有名飲料ブランド「ワハハ」を有するワハハグループをパートナーとして中国飲料市場に参入したが，「ワハハ」商標使用権の問題で訴訟合戦となり，結局時間を費やしただけで，2009年9月ジョイントベンチャーを解消し，中国市場での足掛かりを失った[23]。

また，現地事業の支配よりもパートナーとの関係継続による成功を，グローバル戦略の中核に置く企業も存在する。例えば，ディーゼルエンジンの世界的メーカーであるカミンズは，日本ではコマツ，韓国では現代重工業，インドではタタ・モーターース社というように同社の大口顧客と50％出資のジョイントベンチャーを立ち上げることによって世界190カ国に販売網を獲得している[24]。

既述の戦略的提携は主体が2社以上である点で，ジョイントベンチャーと類

21）スターバックス社は1987年に既にカナダには進出を果たしている。

22）スターバックスの中国におけるパートナー選択における詳細は，Kotabe and Helsen (2014), p.286. を参照。

23）NHKスペシャル取材班（2008），233-252頁，下原口徹「仏ダノン，中国合弁解消」『日経産業新聞』2009年10月1日付及び李雪（2014），第4章を参照。バーガーズ・パドゲットは，中国を事例として取り上げ，経済体制移行時期と国際ジョイントベンチャー構築に関するリスクの変化ならびに採用するべきジョイントベンチャーの構造について示しており，注目に値する。彼らの主張に関して詳細は，Burgers and Padgett (2009) を参照。

図表7－9　戦略的提携とジョイントベンチャーの相違

	戦略的提携	JV
対象分野	戦略的中核分野	周辺分野
環境不確実性	未　知	ある程度理解
パートナー数	多　い	2社が多い
活動内容	複　雑	相対的に単純
事後での決定事項	多　い	少ない

出所：Doz and Hamel (1998), pp.6-9.（志太・柳監訳（2001），7-12頁。）の内容に基づいて，筆者が作成。

似した概念といえる。戦略的提携とジョイントベンチャーの相違は図表7－9の通りである[25)]。戦略的提携はジョイントベンチャーに比べて，対象分野が戦略的中核分野であるだけに，競争が相対的に激しく，環境変化が速いため，不確実である場合が多い。その結果，提携内容も事後的に決定する部分が多くなり，事後的な調整の結果，その内容がより包括的なものになることが多い[26)]。

近年では，外資の参入規制が世界的に緩和され，100％出資の子会社による進出が可能になったため，ジョイントベンチャーという方式での進出は減少傾向にあり，出資を伴わない方式での現地企業との協力形態である戦略的提携などが増加しているが，国家が最初から100％出資子会社による進出を認めるケースは多くないため，今後も一定の重要性があると考えられる。

24）カミンズ社のジョイントベンチャーを多用する戦略に関して詳細は，Ghemawat and Hout (2008), p.87.（有賀訳（2009），22頁。）及び同社のアニュアルレポートを参照。

25）戦略的提携は環境不確実性が未知の領域でなされている。その代表がコマツがいかなる動力源でも稼働可能なコンセプト「パワーアグノスティックトラック」開発のために，資源大手のリオティント，BHP，コデルコ，Boliden4社と締結した「コマツGHGアライアンス」である。この分野では移動時間，充電時間，高度，温度，バッテリー寿命，車両総重量，給電問題といった技術的課題だけでも多様な課題を抱えており，戦略的提携の環境不確実性がJVに比べて未知であることを示している。詳細は，コマツホームページ（https://www.komatsu.jp/ja/newsroom/2021/20210802）を参照。

26）高橋・高木（2005），2-3頁。なお，Gulati, Sytch, and Mehrotra（2008）は提携解消について提携についてのそれぞれの立場を踏まえて4類型し対応方法を検討しており注目に値する。

②　完全所有子会社

完全所有子会社による進出は，現地企業を買収する現地企業買収型とゼロから会社を立ち上げるグリーンフィールド型に区分できる[27]。

メリットはいずれの場合にも全て自ら行うので，経営上のコントロールが徹底しやすく，得られた利益も全て獲得できることである。そのため，社員のモチベーションも維持しやすくなる。

デメリットはメリットの裏返しに生じるリスクであり，現地パートナーがいれば回避できるリスクを回避できない場合も多い。このリスク回避のためには，現地社員の登用や現地への社会貢献を通して現地企業になりきるための努力が重要となる[28]。

現地企業買収型はジョイントベンチャー同様，適切な買収先の選択が重要となる。そして，自社が買収を通じて獲得したい経営資源を明確にし，その経営資源の価値を見極めることが重要となる。この方式はこれまでは先進国出身の多国籍企業が現地の施設，人材，ノウハウ，情報などを求めて行うことが多かったが，2010年代前半までの新興市場の成長により新たな市場機会を求めて行う事例も増加してきた。日本企業も近年巨額買収が目立ち，2018年の海外M&A（合併・買収）は金額，件数とも過去最高となった[29]。

27）富山（2005），40頁。

28）（社）日本在外企業協会は1974年に「発展途上国に対する投資行動の指針の普及」を目的に日本の主要経済団体の総意として誕生した団体であり，『海外派遣者ハンドブック』や月刊『グローバル経営』を通じて，海外進出企業の現地社会への貢献や現地人の登用などに関する情報を提供しており，有用である。

29）日本企業の中でM&Aに積極的な企業としては，JT，東京海上HD，日本電産，ソフトバンク，キャノンなどが有名である。日本電産はホームページ上で，企業成長の原動力として早期よりM&Aを戦略的に活用することを示しており，2018年末現在内外合わせて61社のM&Aを行ったことを示している。キャノンのオランダのオセ社に対する買収に関しては，M&A統合過程を結婚を比喩として用いて成功事例として説明されており，M&A後の統合過程を理解する上で有用である。詳細は，Rottig, Schappert and Starkman（2017）を参照。

他方，新興企業出身の巨大企業が出身国の支援を受けて[30]，ノウハウの獲得[31]やコスト以外の差別化が難しい産業における市場シェア獲得のために，先進諸国の企業を買収する事例が増加している[32)][33)]。

前者の事例では，中国家電メーカーによる日本家電メーカーの相次ぐ事業買収がある。2011年にハイアールが三洋電機の洗濯機，冷蔵庫事業を，2015年にハイセンス・グループがブラジルを除いた米州のテレビブランドの所有権を，2016年に美的集団が東芝の白物家電事業を，2017年にはハイセンス・グループが東芝のテレビ事業を買収している。

後者の事例としては，インドの大手鉄鋼メーカー，ミッタル（現在はオランダロッテルダムに本部）によるフランスの大手製鉄業者アルセロールやインドの

30）中国政府は金融税制上の優遇，リスク保護のメカニズム，情報サービス提供，ガイドラインの設定といった促進措置や承認手続きの簡素化や対外投資の共同年次監査に対する暫定的実施といった監督政策を行う対外向け外国直接投資政策を採用しており，こうした政策が中国出身企業のM&Aを促進したといわれる。中国ならびに巨大新興国の対外向け外国直接投資政策に関して詳細は，Luo, Xue and Han (2010) を参照。なお，中国はリーマンショック直後にエネルギーや資源の確保のために戦略的にオーストラリア企業８件を買収している。中国企業の2010年前後のM&Aの変化に関して詳細は，竇・横井編著（2022），62-66頁を参照。

31）中国の吉利汽車はスウェーデンのボルボ・カーズを買収する際に，中国で２社のビジネスモデル融合を進めると同時に，欧州では２社のビジネスモデルを並存させるといったように，買収後のマネジメントをしっかりと行うことによって，ノウハウの源泉となる人材の流出を最低限度に抑えることに成功している。詳細は，蒋（2014）を参照。Liu and Meyer (2020) は中国企業の欧州企業買収における事例を分析し，国境を越えた組織間の橋渡しをするバウンダリー・スピナーの役割について具体的に言及しており有用である。

32）従来のM&Aと新興国出身の巨大企業のM&Aの相違に関して詳細は，Kumar (2009), pp.115-121.を参照。サン他（2010）は，中国とインドの多国籍企業のM&Aの相違について示しており有用である。

33）コタベらは中国出身多国籍企業に対する調査に基づいて，買収などを通じた知識獲得決断が新製品の市場での成果を向上させるのではなく，経営者の獲得した知識の統合移転能力が重要であることを示しており，注目に値する。コタベらの研究に関して詳細は，Kotabe, Jiang and Murray (2011) を参照。

大手非鉄のヒンダルコによるカナダ系のアルミ圧延大手ノベリスの買収[34]，メキシコの大手セメントメーカーセメックスのスペイン語圏企業の買収[35]などがある。そして，中国政府の走出去政策に代表されるように，主要新興諸国政府は自国出身企業の対外投資を支援するようになってきている[36]。

グリーンフィールド型は多額の投資と長い時間が必要とされる反面，ゼロから企業活動を行うことになるため，最も柔軟性が高い参入方式である。その市場への参入が経営戦略上不可欠であり，なおかつ現地企業の中に買収候補が存在しない場合や買収候補先との交渉が失敗した場合に採用される。

特に，BRICsに代表される有望な新興市場では，競合企業との買収合戦になる場合も多く，有望な買収先が確保できるとは限らない上に，確保できても莫大な投資が必要となる。そのため，総合的に判断してこの方式が採用される場合もある[37]。

また，この方式は，現地政府が産業振興を目指して多国籍企業誘致のための税免除などの優遇措置を実施する場合にも採用されることがある。

34）ヒンダルゴによるノベリスの買収に関して詳細は，Charan (2013), pp.113-120.（上原訳（2014），104-109頁。）を参照。

35）セメックスの事例に関して詳細は，Agtmael (2007), pp.154-162.を参照。

36）自国出身多国籍企業に対する新興諸国政府の政策に関して詳細は，Goldstein (2007), pp.94-116.を参照。なお，政府規制や介入は，自国産業の競争力及び雇用維持や安全保障といった論点から強まる傾向にあり，企業のグローバル展開の足かせにもなりつつある。

37）一部の研究者は新興市場参入に際して，2つの方式の中間的な形態として，グリーンフィールド型に対して，ブラウンフィールド型という方式を提唱している。ブラウンフィールド型は現地企業のうち経営が厳しい企業を買収し，そこに自社の有する経営資源を投入することによって参入する方式である。新興市場において有望なパートナーの獲得が困難であり，事業展開のスピードが重視される状況下では，1つの選択肢であると考えられる。ブラウンフィールド型参入方式に関して詳細は，Meyer and Estrin (2001), pp.575-584.及びEstrin and Meyer (2011), pp.483-509.を参照。なお，梅津はロシアにおけるブラウンフィールド型投資の有用性について検討しており，有用である。最近の事例では，2014年に経営権取得が完了した日産ルノーグループによるロシア自動車メーカーアフトワズ買収があげられる。梅津の主張に関して詳細は，梅津（2009），80-81頁を参照。

3. 撤退戦略

1 撤退戦略の重要性の高まり

撤退はグローバル・マーケティングにおいて従来一般的ではなかったため，撤退に関する議論は重視されてこなかった。ところが近年になって，不確定要因が多い状態における参入が増加する中で，多国籍企業は経営資源の有効活用を考慮するようになり，参入市場から撤退する事例が多くなり，グローバル・マーケティングにおいても取り上げられるケースが増えてきている。

さらに，新型コロナウイルス蔓延といった状況を踏まえて，経営資源の再配置や市場再参入も含めた研究枠組みが示された（図表７－10参照）。

図表７－10　外国市場から撤退，再配置及び再参入の分析枠組み

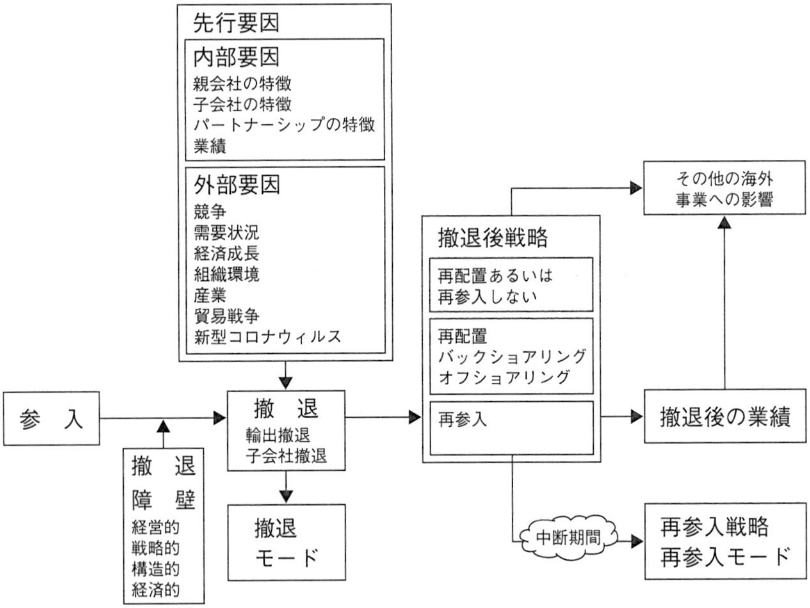

出所：Larima, Arte, Sousa, Ghauri and Mata (2022), p.378の図を一部修正。

2 撤退の理由とガイドライン策定

撤退の主な理由には，①継続的損失[38)]，②新興市場における市場としての価値の脆弱性，③早すぎる参入意思決定の増加，④企業の社会的責任への要請の高まりに基づいた倫理的理由[39)]，⑤競争激化，⑥資源再配分の決定があげられる。

企業は上記の理由で撤退すべきであると考えても，一度参入した市場からの撤退は多くの障壁があり，容易ではない。

撤退の容易度は各国の制度改革の取り組みの差によって左右されるため，制度面に関する各国の取り組みについて事前によく検討する必要がある。図表7－11は，世界銀行グループが公開している各国のビジネス環境を制度面からラ

---

38) 総合商社はエネルギー，鉱物などの資源エネルギー，電力，水などの社会インフラ及び海外での農地確保などの食糧関連の巨額投資を増加させており，個別の事例を考慮した柔軟な対応と同時に，厳格な撤退基準の運用も重視されている。総合商社の撤退基準は各社各様ではあるが，3期連続赤字，リスクリターンと呼ばれるリスク資産に対する一定の収益率の3期連続の未達成，撤退対象事業の各部門の営業戦略からの乖離の大きさ，事業規模などである。総合商社の撤退基準に関して詳細は，中岡（2009），38-39頁を参照。

39) 1980年代までの南アフリカのアパルトヘイト政策への対応，1984年のインドでのボパール化学工場事故への対応，1995年の外資が軍事政権と結びついて開発されたナイジェリア石油産業に対する環境破壊を批判するケン・サロ・ウィワの軍事政権による処刑への対応，1997年ベトナムのナイキによる下請工場の児童労働問題への対応などを経て，企業は社会的責任を果たすことの重要性を求められるようになった。2011年には国連人権理事会において，ビジネスと人権に関する指導原則が全会一致で承認され，この指導原則の中に人権を尊重する企業の責任が示され，具体的な取り組みが求められるようになった。ビジネスと人権に関する研究に関して詳細は，Wettstein, F. et. al.(2019)を参照。倫理的理由による撤退に関する研究に関して詳細は，Nyuur, R. B. et. al.(2017)を参照。こうした動きは2013年バングラディシュの縫製工場の入った商業ビルでの崩落事故への対応でのアパレル各社や顧客である小売業者の従来よりも積極的な対応にも結び付いていると考えられる。バングラディシュの事故に関して詳細は，ドキュメンタリー映画『ザ・トゥルー・コスト ～ファストファッション 真の代償～』を参照。

図表７－11　アジア・欧米主要国からの撤退の容易度

	撤退の 容易度ランキング	ビジネス環境 総合ランキング
シンガポール	27位	2位
香　港	44位	4位
韓　国	11位	5位
米　国	3位	8位
英　国	14位	9位
台　湾	23位	13位
マレーシア	41位	15位
タ　イ	24位	27位
日　本	1位	39位
中　国	61位	46位
ベトナム	133位	69位
インド	108位	77位

出所：世界銀行グループが公開するDoing Business 2019
の内容に基づいて，筆者が作成。

ンキングしたものの抜粋であるが，日本はビジネス環境総合ランキングでは39位であるのに対して撤退の容易度ランキングは１位と極端に撤退が容易な国であり，日本ほど撤退が容易な国はない上，撤退の容易度はビジネス環境総合ランキングとは必ずしも同様の傾向にあるとは限らないため注意する必要がある。

撤退の主要な障壁としては，①労働者への処遇に必要などの理由でかかる退出に伴う莫大な経費，②進出先での資産放棄の可能性，③他の進出市場の動揺や他の進出候補先の評判などその他の市場への影響，④長期的な市場機会の喪失などがある。

企業は①②の撤退戦略によって生じる経費などもさることながら，③④を十分に検討し，以下の点を考慮して再参入の可能性も踏まえた上で，撤退戦略のガイドラインを作る必要がある。

①　撤退はかなりのリスクを伴うので，撤退を簡単に決断するのではなく，撤退しないためにあらゆる選択肢を検討する。

②　完全撤退ではなく，段階的撤退や経営関与度の縮小を検討する[40)]。

③　自社の顧客のアフターケアを十分に行い，自社のパートナーや自社の別の地域の拠点の顧客に対して行うのと同様の努力を行う41)。

ガイドライン作成に際しては，自社ブランドの撤退検討市場での活動能力に影響する従業員と顧客の安全，現地法及び国際法といった法令の遵守，自社の価値観との合致，サプライチェーンの確保，風評を含めた自社の評判への影響という5段階リストをチェックする必要がある42)。

40）経営関与度の縮小に関しては，イラン革命期におけるスウェーデン出身多国籍企業の事例や2000年代前半のブリティッシュ・テレコムの事例に関する研究が注目に値する。前者の事例について詳細は，Hadjikhani and Johanson (1996), pp.53-74.を，後者の事例について詳細は，Turner and Gardiner (2007), pp.493-495. を参照。

41）Kotabe and Helsen (2004), pp.290-292. なお，フランス大手自動車メーカーであるルノーグループは同社傘下のアフトワズ（ブランド：ラーダ）の株式67.69％を，ロシア国営の「NAMI」(中央自動車エンジン科学研究所）に売却したが，この契約にはルノーグループが今後6年間アフトワズの株式を買い戻せるオプションが付帯している。同グループにとってロシア市場は本国に次ぐ市場であり，不確実な状況の中で将来の再参入の可能性を見据えた対応であり，注目に値する。

42）5段階チェックリストならびにロシアによるウクライナ侵攻やミャンマーの軍事クーデターといった近年の撤退促進要因への対応に関して詳細は，Kotabe and Helsen (2022), pp.342-343.を参照。なお，ガイドライン作成に際しての5段階リストに関しては，Should we stay or should we go? Five principles for brands when conflict arises, https://www.campaignasia.com/article/should-we-stay-or-should-we-go-five-principles-for-brands-when-conflict-arises/476675を参照。

Ⅷ　グローバル統合・調整

1．グローバル統合・調整とは

グローバル・マーケティングの重要概念はグローバル配置，統合及び調整にある[1]といわれる（図表8－1参照）。グローバル配置については第4章グローバル・マーケティング・リサーチ，第5章環境分析，第6章参入市場の決定及

図表8－1　グローバル・マーケティング研究におけるグローバル統合・調整の位置づけ

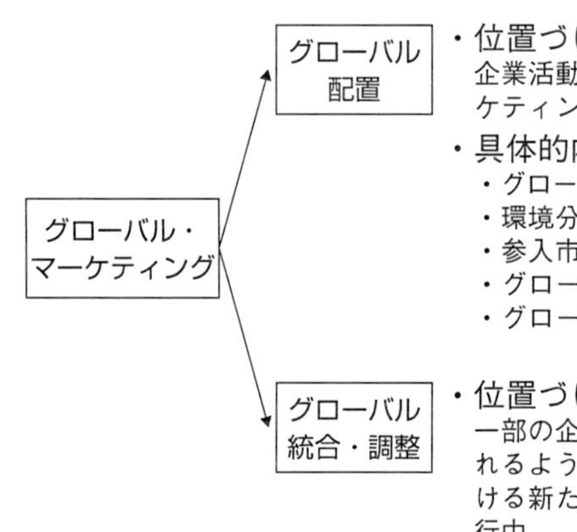

・位置づけ
企業活動の空間的拡大に伴って，伝統的な国際マーケティング研究領域として確立
・具体的内容
・グローバル・マーケティング・リサーチ（第4章）
・環境分析（第5章）
・参入市場の決定（第6章）
・グローバル市場参入戦略（第7章）
・グローバル・マーケティングの組織（第9章の前半）

・位置づけ
一部の企業のグローバル配置が進んだ後に，注目されるようになったグローバル・マーケティングにおける新たな中心的な研究領域であり，現在研究が進行中
・具体的内容
・標準化適応化論争などの市場の異質性への対応論争（第8章）
・グローバル統合・調整メカニズムの構築（第8章）
・グローバル・マーケティングの組織（第9章の後半）

1）藤沢（2002），124-125頁。なお，藤沢は統合ではなく，統制という言葉を用いているが，本書ではより一般的な表現として統合とした。

び第７章グローバル市場参入戦略の部分に該当し，「グローバル・マーケティング」という名称が一般化する以前からマーケティング活動の空間的拡大に伴う課題として言及され，かなり具体的で精緻化された議論がなされてきた[2)]。

他方，グローバル配置以降の部分であるグローバル統合・調整の部分については，一部の企業のグローバル配置が進んだ後に，注目されるようになったグローバル・マーケティングにおける新たな中心的な研究領域であり，現在研究が進行中の内容である。

グローバル統合・調整の研究はグローバル配置が中心課題だった1950－1960年代のアメリカ一人勝ちの時期に全く論じられていなかったわけではない[3)]。

この研究は，グローバル配置を行う際に標準化するか適応化するかといった一軸二極[4)]の単純な議論から始まった。しかし，1980年代の欧米日のメガコンペティションの時代を経て，グローバル配置を行う企業が拡大するにつれて高度な議論が行われるようになり，議論の内容は二軸二極すなわち４Ｐに代表されるマーケティング・プログラムのどの要素を標準化し，どの部分を適応化するのかという標準化と適応化の同時達成に関するものに変化した（図表８－２参照）。

近年では，その議論の中心はグローバル配置の結果生まれた優位性をどのように確立し，活用していくのかという内容に収斂しつつあり，具体的には外部企業をも包括したマーケティング技術の移転などを含む企業グループのグローバル統合・調整メカニズムの構築，標準化と適応化の相互作用，グローバルとマルチ・ドメスティックの間に地域化という新たな視点を導入するといった内

2）なお，グローバル配置に関する分析は馬場の以下の見解と同様である。馬場は国際マーケティングの標準化適応化に関する研究をレビューし，企業の国際化に対する地理的拡大や配置によるアプローチは，グローバル段階，つまり国際的な配置をほぼ完了した段階に至った今日，一定の役割を終えたといえるかもしれないと述べている。馬場の見解に関して詳細は，馬場（2004），91頁。

3）Kotabe and Helsen (2004), pp.249-250.

4）標準化か適応化という基準でどちらかに決定するということを示している。

図表8－2　一軸二極から二軸二極へ

一軸二極（標準化と適応化は対極に位置する）

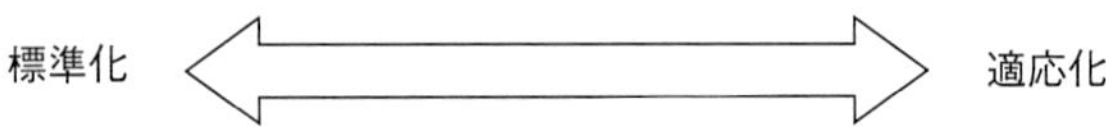

二軸二極（標準化と適応化は対極に位置しない）

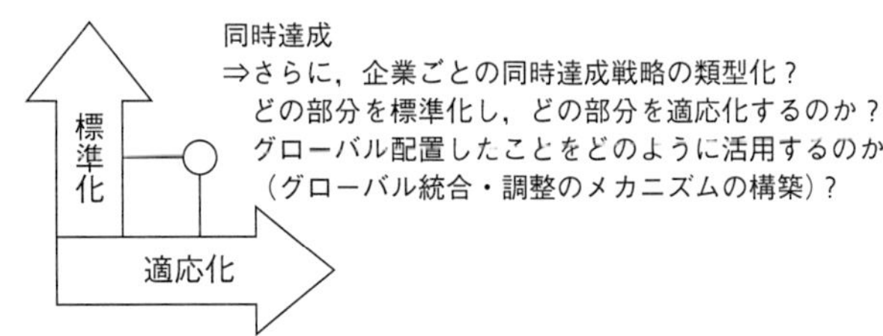

出所：諸上（1997）の内容に基づいて，筆者が同時達成後の検討事項を加筆し作成。

容である。

以下では現在のグローバル統合・調整の議論の基盤となってきた「マーケティング諸活動の標準化適応化論争」を検討し，論争の結果コンセンサスとなったマーケティング諸活動の標準化適応化同時達成について示した後，グローバル配置の後に議論されている新たな研究領域について述べていく。

2．マーケティング諸活動の標準化と適応化

1　標準化適応化論争[5)]

標準化適応化の問題意識は1923年にさかのぼる。米国タイヤメーカーのグ

5）標準化適応化論争に関しては非常に多くのレビューが存在する。代表的な論文は大石（1996），128-135頁，Agrawal (1995), pp.26-48.などである。近年でも，天野，馬場，丸谷など若手の研究者が自身の研究の基本的な枠組みを提案するためにレビューを行っている。各研究者のレビューに関して詳細は，天野（2002），252-253頁，馬場（2004），74-76頁及び丸谷（2001），193-196頁を参照。

図表８－３　標準化適応化論争の変遷

論争時期	国際市場の競争環境	論争の内容	対　象
1950－60年代	アメリカ一人勝ち	標準化優位	広　告
1970－80年代前半	日欧追い上げ	適応化の主張が強まる	マーケティング・ミックス全体
1980年代後半－	メガコンペティション	同時達成のコンセンサス	他の経営機能との関連も含む

出所：馬場（2004），77頁の図の枠組みを参考に，筆者が作成。

ッドイヤー社の広告マネジャーのデビット・ブラウンは，良い広告の品質が世界中同じであるという広告の標準化に関する主張を行った[6)]。

1950年代にはアメリカナイゼーションの潮流の中で，国際広告の適応化に論争の焦点が当てられたが，広告に限られた論争は1960年代末にはマーケティング・ミックスの全要素に拡大された。それ以降は，1970年代の欧州企業，1980年代の日本企業の追い上げによって，欧米日三極化の時代が意識され，競争が激化するにつれ，適応化に議論のウエイトが傾いていった。特に，1983年のレビットの「市場のグローバル化[7)]」によるグローバル標準化の主張の後に起こった批判は論争のボルテージを一気に高めた。

そして，1987年の竹内・ポーターの標準化と適応化の同時達成の主張により[8)]，論争は標準化vs適応化といった一軸二極の単純な議論から新たな局面を迎えた。それ以降，標準化適応化と成果の関係に関する実証研究が進み[9)]，標準化適応化の同時達成を目指す議論が活発化し，この主張がコンセンサスとなっていった（図表８－３参照）。

6）ブラウンの主張に関して詳細は，Brown (1923). を参照。

7）Levitt (1983), pp.92-102.

8）Takeuchi and Porter (1986), Chapter 4.（土岐・中辻・小野寺訳（1989），第３章。）

9）馬場（2004），76頁。なお，馬場によれば，実証研究から標準化適応化とその成果に関するコンセンサスは得られていない。ライアンスジュニア他は40年間にわたる標準化適応化に関する研究調査を検証し，明確な根拠に基づいた理論的枠組みが構築されていないと述べている。ライアンスジュニア他の主張とその主張に至る先行研究のレビューに関して詳細は，Ryans Jr, Griffith and White (2003), pp.588-603. を参照。

2 標準化と適応化の同時達成の実現へ向けた議論

近年，標準化と適応化の同時達成の議論は進展してきており，以下のような問題が取り上げられている。

第1は企業ごとの同時達成戦略の類型化である。企業ごとに活動状況や環境は多様であるので，標準化と適応化の同時達成の戦略も多様になる。そのため，何らかの基準に基づいて，企業を類型化し，各類型の標準化適応化戦略を示す必要がある。諸上はグローバル活動を行う企業を経営のグローバル調整度，経営資源の国際分散度，グローバル政策調整の本社主導性，子会社の経営資源と役割という4つの指標で分類し，各分類の企業のマーケティング・プログラムの特徴を明らかにしている（図表8－4参照）[10]。

具体的には，第2次大戦後の日本メーカーに代表される自動車やオーディオなど全世界で消費者のニーズの同質性が高い産業[11]においては，活動の配置は生産設備などを集中し，世界的な活動の調整度合いは高いままで，全世界に通用する製品を供給していくというシンプル・グローバル戦略から，配置を段階的に分散し，活動の調整度合いも高めていく，グローバル・ユニティ戦略という標準化が先行するルートを選択した[12]。

10）諸上の研究に関して詳細は，諸上・根本（1996）を参照。なお，三浦・伊藤は企業類型ではなく，製品・産業要因の1つである製品類型に着目し，思考型／感情型の製品類型の相違に応じて，標準化適応化戦略が異なってくることを示しており，注目に値する。三浦・伊藤の研究に関して詳細は，三浦・伊藤（1999），12-31頁。

11）なお，教育サービスは教える内容にかかわる文化の相違，サービス提供である教師という人的要素の影響の強さ，サービスを求める顧客の水準のばらつきといった要因のため，有形財を提供する産業に比べて標準化が相対的に難しいといわれるサービス産業の中でも特に標準化が困難な産業であるといわれる。しかし，公文は教育サービス産業において標準化を困難にしているといわれる要因を，教育内容を人間が共通して欲する技術である「読み書き計算」に限定し，教師は教えるのではなく生徒のレベルに応じて教材を選択し，監督することによって克服し，2008年時点で45の国と地域に海外展開を行っており，サービス産業のグローバル化を検討する上で注目に値する。公文の海外展開に関して詳細は，向山（2009），13-39頁を参照。

図表8－4　コカ・コーラ社におけるCEOの変遷とマーケティングの進化

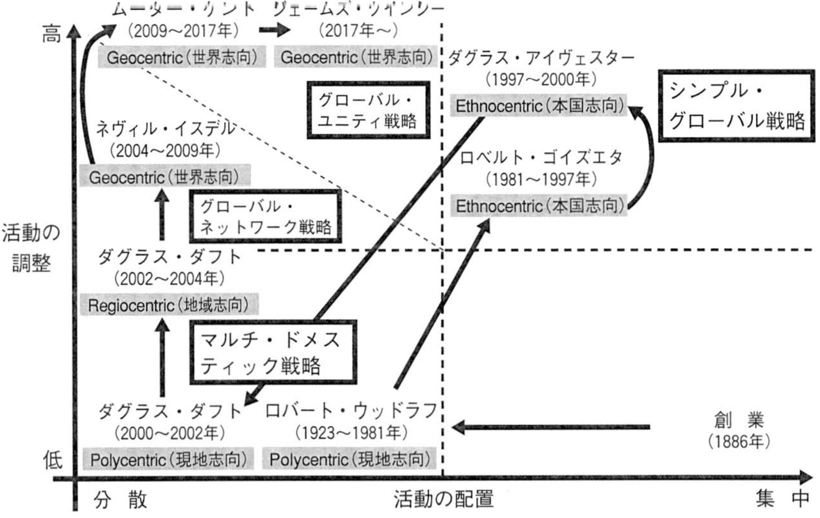

出所：古川（2021），47ページ図に，諸上・根本（1996）の内容を踏まえて加筆。

他方，伝統的な欧米の多国籍企業に多い，食品やトイレタリーなど現地の独自文化への対応が重視される産業においては，活動の配置はきめ細かな現地対応のために当初から分散し[13]，世界的な活動の調整はあまり行わない，マルチ・ドメ

12）青嶋・塩野（2014）は日本の製造企業の多くが国際事業部主導による海外展開後，先進国と異なる市場特性を有する新興国の存在感の高まりに応じて，地域統括会社を設置したり，製品事業単位での地域への対応を行っているということを示した上で，日本の製造業のグローバル・マーケティング機能における弱点として，①地域・顧客軸でのマーケティングが弱い，②潜在ニーズを顕在化させる動きが弱いということを示している。上記の指摘は，多くの日本企業が抱えるグローバル・マーケティングにおける戦略性の欠如について明快に指摘しており注目に値する。

13）なお，文化への対応が重視される産業の製品における現地対応においては，各国の消費文脈を理解し，マクドナルドが中国においてお祝いという中心的文脈ではなくデートという周辺的文脈に標的を定めたように，文化的な借用が可能な消費の周辺的文脈に標的を定める必要がある。

スティック戦略から，配置を段階的に集中し，活動の調整度合いを高めていく，グローバル・ネットワーク戦略という適応化が先行するルートを選択したのである。コカ・コーラは長年の試行錯誤の後，2000年以降ダグラス・ダフト氏がCEOに就任した当初現地志向であったが，2002年頃から現地市場の重要性を認識しながらも一部はアトランタ本社で世界的に統括を進め，標準化と現地化の最適点を探る地域志向に移行した。2004年就任したネヴィル・イスデルCEOは地域統括担当者へ多くの権限を委譲し，結果として商品の多様化を推進した。コカ・コーラの2002年～2009年の取り組みはマルチ・ドメスティック戦略からグローバル・ネットワーク戦略への移行であるといえる[14)]。

第2は具体的にどの部分をどの程度標準化するのかということである[15)]。どの部分ということに関しては，マーケティング計画，管理システム，マーケティング理念や基本方針といったより戦略的な部分の標準化の重要性が指摘されている[16)]。この部分を標準化することは世界各国のユニット間のコミュニケーションを円滑にするだけに，後述するマーケティングに関する知識の相互移転にも有用な影響を与える。

４Ｐに代表されるマーケティング・プログラムの部分の標準化については[17)]，1990年代以降に行われている多国籍企業に対する調査に基づく実証研究の中では，その有効性が全体としては必ずしも高くないことが示されてい

14）コカコーラ社の戦略の移行に関して詳細は，古川（2021），46-50頁を参照。上記によれば2017年以降の同社戦略はグローバル化とローカル化のバランスをとりつつも，一部のボトリング会社を売却し従業員の大幅削減をする等効率性の追求に尽力し，グローバル・ネットワーク戦略からグローバル・ユニティ戦略に移行したとしている。

15）三浦（2014）はグローバル・マーケティングの課題を配置課題と調整課題に区分し，調整課題の先行研究をレビューし，どの部分を標準化するのかという課題について，川端（2013）の日系外食業のアジア進出事例に関する研究に言及した上で，外食企業の消費者に見えない食品調達・加工・配送，店舗開発，人材開発といったバックシステムの標準化，アジアやメニューといったフロント・システムの現地化について同時に言及しており，特に小売を含むサービス業を対象にした調整課題を検討する上では有用である。

16）黄（2000），73頁。

る[18]。そして，認められた有効性については，4Pの各要素について異なっており，いくつか行われた調査の結果はおおむね同じであった。調査結果からは標準化しやすい方から製品戦略，販売促進及びマーケティング・チャネル戦略，価格戦略の順であった[19]。

例えば，アップルは主要製品のアイフォンについて，刺激的な文化，ファッション，クリエイティブ性およびデザインという標準化したポジショニングをとりつつも，上記の法則に概ねマーケティング・ミックスを構成している（図表8－5参照）。

また，大前は製品の標準化適応化[20]について，製品戦略において標準化すべき要素と適応化すべき要素を示し，現在では，製品要素レベルごとといったように（図表8－6参照），標準化の可能性についてさらに詳細な内容が示されている。

販売促進に関しては，唐沢（2019）が資生堂が中国で展開したTSUBAKIブ

17）ブロンチスらは，マーケティング・プログラムの標準化及び適応化に影響する要因を，重大な要因と周辺的要因の2階層に分けて示しており，注目に値する。ブロンチスらの研究に関して詳細は，Vrontis, Thrassou and Lamprianou（2009）を参照。

18）黄（2000），73頁。なお，1990年代前半のマーケティング・プログラムの標準化の有効性に関して詳細は，Shoham（1995), pp.107-110. を参照。

19）三浦・丸谷・犬飼（2017），136頁。マクドナルドはベトナム市場において韓国企業であるライバルロッテリアに対して苦戦しているが，その理由はロッテリアが品質をしっかり保持しながらも現地食材を80％調達することで低価格を実現しているのに対して，マクドナルドは90％を輸入に頼っていることにあるといわれる。詳細は，グエン ティ ビック フェ・富山栄子・グエン トゥー トウイ・ホアン レ トゥー フォン（2021）を参照。

20）製品の標準化適応化の同時達成に関連した研究としては，臼井の戦略的マス・カスタマイゼーションに関する研究があげられる。臼井は大量生産を意味するマス・プロダクションと，個別仕様化を意味するカスタマイゼーションの造語であるマス・カスタマイゼーションに戦略的分析視角を組み入れた戦略的マス・カスタマイゼーションという概念を，大量生産による規模の経済性をもたらす標準化と，各国への個別仕様化によって各国のニーズに対応する適応化の同時達成のシナリオとして提案し，今後検討すべき課題についても述べている。臼井の研究に関して詳細は，臼井（2006）を参照。

図表８－５　アップルのマーケティング・ミックスにおける標準化適応化

マーケティング・ミックス	標準化	適応化
製　品	デザイン	充電，電気通信企業ごとの特殊性への対応（LTE対応等）
プロモーション	顧客アテンドのための標準的プロトコル ウェブサイトのデザイン，ルック及び感じ	文化的好みに適応した顧客との交流 地元編集者によるウェブサイトの翻訳（必要なら編集）
マーケティング・チャネル	高級なビジュアル及び立地	アップルストアの文化や建築環境にあわせた施設 日本における量販店での販売
価　格		2017年時点で，アイフォン７の場合，米国では649ドル，中国では5,388元（780ドル），ハンガリーでは255,990フォリント（870ドル），ブラジルでは3,499レアル（1,110ドル）

出所：Durand (2019), p.88. の表に加筆修正。

図表８－６　製品要素レベルごとの標準化可能性

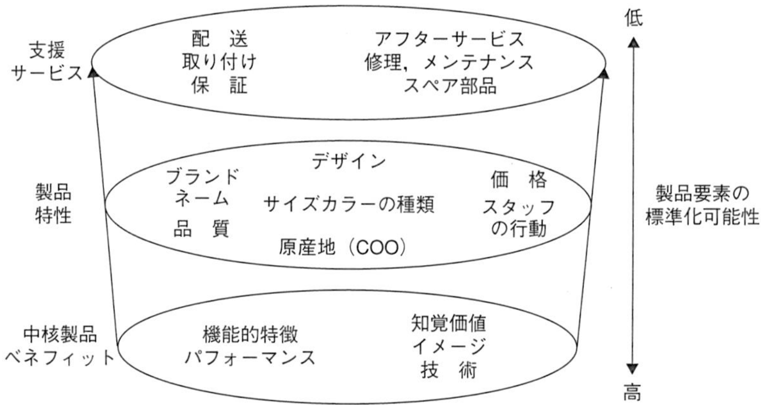

出所：Hollensen (2008), p.302.

ランドの広告事例に関して，移転知識を形式知と暗黙知に区分した上で，移転方法を適用（そのまま移転）すなわち標準化と適応（現地に合わせて修正）すなわち適応化に区分し具体的に示した（図表８－７参照）。

適応化の程度が高いといわれる価格の設定に関しては，国内の価格設定に影

図表8－7　資生堂中国（TSUBAKI）の事例における広告会社の移転知識と移転方法

	広告会社の移転知識の類型	「TSUBAKI」の事例における移転された知識	知識の類別	移転方法
(1)	クライアント企業に関する知識	クライアント企業の行動規範,「資生堂らしさ」や「おもてなしの心」についての知識	暗黙知	●適用（そのまま移転）
(2)	広告戦略に関する知識	国内市場の商品開発の知識（開発コンセプト・成分情報）	形式知	●適用（そのまま移転）
		マスコミュニケーション戦略（雑誌広告および編集タイアップ・デビューイベント）	形式知	■適応（現地にあわせて修正）
		接点拡大プロモーション戦略（屋外ビジョン・ビルボード・交通媒体・WEBサイト）	形式知	■適応（現地にあわせて修正）
		国内の市場導入戦略（想定ユーザーイメージ・市場調査の手法・販売戦略など）	形式知	■適応（現地にあわせて修正）
(3)	広告施策に関する知識	6人のトップ女優を起用した広告ビジュアルのデザイン	形式知	●適用（そのまま移転）
		広告コピーの共感促進型の社会的メッセージ（広告コンセプト）	暗黙知	■適応（現地にあわせて修正）
		広告コピー「日本の女性は美しい」	形式知	■適応（現地にあわせて修正）
		メディアプラン（媒体計画）に関する知識	形式知	■適応（現地にあわせて修正）
		イベントプラン（体感促進イベント・街頭サンプリング）	形式知	■適応（現地にあわせて修正）

（注）●適用（そのまま移転）■適応（現地にあわせて修正）。
出所：唐沢（2019），97頁。

響を与えるコスト（Costs），競争相手（Competitors），顧客（Customers）の3Cに加えて，国際的な価格設定では文化的相違（Cultural Differences），流通チャネル（Channels of distribution），為替レート（Currency rates），政府の管理（Control by government）の4Cが影響を与えるとされる[21]。

さらに，三浦・丸谷・犬飼（2017）では，製品の標準化／現地化（適応化）

21）国際価格設定の7Cに関して詳細は，D. Souza (2020) 7Cs of international pricing, https://cmaaustralia.edu.au/ontarget/the-7-cs-of-pricing-in-international-markets/（2022年7月16日にアクセス）及びDoole, Isobel, Lowe, Robin, Kenyon, Alexandra (2022), p.413.を参照。

に関して，消費者に近いか遠いかという基準で分類し，中核標準化・追加現地化戦略，部品標準化・組合せ現地化戦略，標準化・現地化両揃え戦略という3つの戦略について具体例をあげながら示した[22]。

3．グローバル統合・調整メカニズムの構築

1 統合・調整領域の拡大

企業が置かれた内外の環境に応じて，どの要素をどの程度標準化あるいは適応化するかを柔軟に考えるコンティンジェンシー・アプローチがコンセンサスとなる中で[23]，既述のように，一軸二極の単純な議論では想定されてこなかった，グローバル統合・調整メカニズムの構築といった課題が生み出された。

グローバル統合・調整の適応領域はマーケティング部門間だけでは捉えきれる内容ではなく，企業内におけるマーケティング部門とそれ以外の諸活動を担う部門の間，国境を越えた親企業と子企業間及び企業の境界を超えた企業間の統合・調整を含む[24]。

統合・調整の具体的なプロセスは3段階に区分できる。第1は親会社及び地域子会社内で行われる。この統合・調整は各部門間で行われ，多様な内容を含むが，例えば，マーケティング部門と研究開発部門の統合・調整内容としては，マーケティング部門は研究開発部門に消費者ニーズを，研究開発部門はマーケティング部門に自社の有する技術の内容を伝えて調整することによって，消費者ニーズに合致した研究開発を行うことになる。日本企業は欧米企業に

22）コマツはベースマシンという中核は標準化し，アタッチメントという追加部分は現地化し，デルは製品を構成する部品は標準化し，組合せを消費者に任せて現地化し，マクドナルドは世界中でチーズバーガーやビッグマックを販売することで標準化し，フランスのマック・バケットやインドのマック・カリーパンなどを販売し現地化もしている。詳細は，三浦・丸谷・犬飼（2017），143-147頁を参照。

23）Waheeduzzaman and Dube (2004), p.34.

24）馬場（2004），82頁。

対して，両部門が緊密に連携し，消費者ニーズへの細かい対応を継続することによって成功してきたといわれている[25)]。

代表的な事例としては，花王のエコーシステムがあげられる。このシステムは消費者相談窓口の業務を支援するにとどまらず，顧客からの苦情を含む相談情報をデータとして登録し，生産，開発，マーケティング，販売など全ての部門が共有し，各部門の活動に常に結びつけ，業務の改善を行い続けており[26)]，2009年１月にはグループ企業であるカネボウ化粧品にもこのシステムを導入した。

第２は親会社や子会社など企業グループ内で行われる[27)]。この統合・調整はグループ内の各企業が有する経営資源やマーケティングノウハウを相互移転することによって行われる[28)]。そして，一部の企業は相互移転を行っていくにつれて子会社の有する潜在能力を認め，子会社の位置づけが「現地対応を行

25）Kotabe and Helsen (2001), pp.330-331.（横井監訳（2001），230-231頁。）

26）花王は各商品に関して常に情報に基づいたチェックを行っており，少なくとも年に２～３回の改良が加えられている。花王の消費者相談情報の利用に関して詳細は，政策情報研究会（2003），64-69頁を参照。

27）海外子会社は自社の他の子会社に対する優位性を失ってしまうのではないかという危惧や海外子会社の知識が特殊であるといった認識などによって，必ずしも蓄積した独自の知識を移転したがらないので，移転を促すシステム構築が重要である。海外子会社の知識獲得と知識移転のジレンマに関して詳細は，山本（2004），134-135頁。なお，Crespo, Crespo and Curado (2022) は，多国籍企業のネットワーク内でマーケティング知識の効果的な移転と利用を促進する条件を，欧州，北米，日本に本社を置く多国籍企業のポルトガル子会社202社のトップ・マネージャーから収集した調査データを用いて分析した。同研究は，本社と同業他社の両方からのマーケティング知識の流入を促進する上で，子会社のトップ・マネジャーが中心的な役割を果たすことを示した上で，多国籍企業の経営者が知識が創造されるためのファシリテーターとなり，子会社の起業家精神とリーダーシップの支援を促進する適切な構造的状況を構築する必要性についても示している。

28）多国籍企業における知識移転に関しては，企業活動のグローバル化に伴って非常に多くの研究がなされている。藤岡の研究は1990年代以降の多国籍企業の知識移転に関する11の研究をレビューし，包括的な枠組みを示しており有用である。藤岡の研究に関して詳細は，藤岡（2003），87-121頁を参照。

図表8－8　トヨタのレクサスブランドにみるマーケティング技術の相互移転

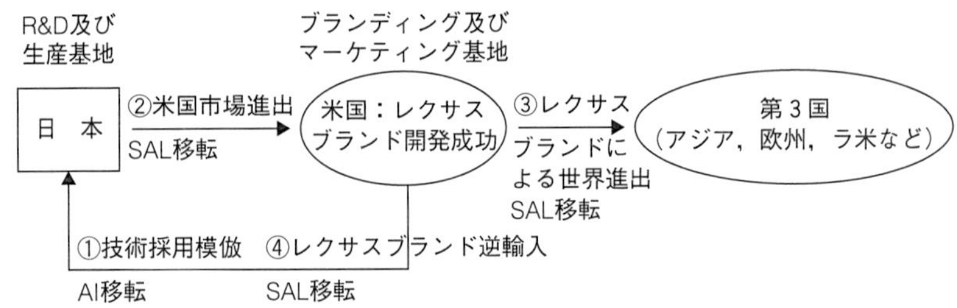

出所：林（2005），27頁の図を簡略化し，筆者が一部修正。

う組織」から「イノベーションの源泉としての組織」に変化しつつある。

例えば，トヨタは当初，米国のマーケティング技術を採用（Adopt）し，模倣（Imitate）するAI移転を行い，この移転によって獲得されたマーケティング技術を含めた知識を基盤として米国市場に進出し，標準化現地適応化現地化(Standardization Local Adaptation Localization）していくSAL移転を行った。この時点の移転は従来の「本国発イノベーションの海外移転」や「現地発イノベーションの現地活用」にとどまっていた。しかし，近年ではSAL移転の際に培った高級ブランドであるレクサスのブランディングに関するノウハウを，日本も含む世界中に展開するSAL移転を行っており，韓国においては，米国発のブランドということで，他の日系メーカーに比して高い評価を得ている（図表8－8参照）[29)30)]。

ドス・サントス・ウィリアムソンはこの事例にみられるように，世界中に分散している未活用の技術や市場に関する知識の融合を通じて価値創造を図り，

29）林（1999），171-172頁及び林（2005）。

30）田中はトヨタのハイブリッドカープリウスのモデルチェンジの際のキャンペーンやＦ１参戦を契機にしたキャンペーンについて分析し，前者は日米欧の３極協力によりなされ，後者は日本よりも欧州主導であったことから，メタナショナルな手法であると述べている。田中のトヨタに関する分析と主張に関して詳細は，田中（2006），16-17頁を参照。韓国におけるレクサスの高い評価に関して詳細は，林（2007），177頁を参照。

新たな競争優位を構築する企業を「メタナショナル企業」として位置づけ，各ローカルの有する革新的な知識を重視する多国籍企業の新たなマネジメントモデルを示しており[31]，このモデルの具体例としては，ユニリーバ社の「日本発」製品開発を目指す機構改革[32]，P&Gの世界6拠点をベースに活動するイノベーションを世界中に求める人材であるテクノロジー・アントロプレナー70人を有効活用するモデル[33]，コカコーラ社の子会社日本コカコーラ社の開発製品を他の諸国にも導入していくモデルなどがあげられる。

コカコーラ社は日本コカコーラの独自開発に関して好意的ではなかったが，時を経て子会社の開発力を認め，現在では子会社の開発商品であるジョージア，アクエリアス，Qooといった，炭酸系の3倍の世界全体でも年率12％の成長率を有する非炭酸系飲料の他市場への投入を進め，世界全体で非炭酸系の比率を40％から50％規模に引き上げる方針を打ち出した。そして，非炭酸系飲料が売上全体の約75％を占める日本市場におけるマーケティング戦略をも海外に導入している[34]。

31）メタナショナル企業とそのマネジメントモデルについての詳細は，Doz, Santos and Williamson (2001). を参照。

32）ユニリーバ社は2005年の機構改革で「日本人の日用品に求める品質や使い心地への厳しさ」に対応した「日本発」の商品開発を行うために，英国米国と並ぶ研究開発拠点である「アジアテクノロジーセンター」を宇都宮に開設した。この拠点設置は，米国のせっけんブランドの1つに過ぎなかったヘアケアブランド「ダヴ」をヘアケア製品の世界ブランドとして開発したり，「リプトン」のティーパックに長い紐をつけるといったアイデアを世界中に拡大した実績が認められたものである。ユニリーバ社の機構改革に関して詳細は，相模（2006）などを参照。

33）P＆Gのテクノロジー・アントロプレナーを活用するモデルに関して詳細は，Huston and Sakkab (2006), pp.58-66.（鈴木訳（2006），44-56頁。）を参照。

34）コカコーラ社の子会社日本コカコーラ社の製品開発能力を認めた，子会社開発商品の他市場への投入に関して詳細は，多田（2007），多田（2014）及び田中・戸田（2008），28-31頁を参照。なお，三浦（2014）は日本の消費者のタフさについて日本の文化の特性を踏まえて検討し，日本の消費者の特徴とマーケティング戦略について示しており，注目に値する。

一部の企業は本国の経営資源にこだわるのではなく，世界各地に存在する優れた経営資源を利用するべきであると考えるようになり，その代表がノキアである。同社はフィンランド出身の企業であるが，主力製品であるデジタル携帯電話の開発に際して，当初から母国フィンランドではなく同社の有する英国の研究機関で行い，アジアにおいて消費者のトレンドを観察した後，携帯電話をファッションアクセサリーにかえるために，イタリアとカリフォルニアにおいてデザインを修正した。さらに，日本における小さくするという経験から学び，利用者の使い勝手を改善し，中国とインドにおける固定電話に代わる手段としての携帯電話を実用化するために，アジアにおいて低価格で製造する技術を求めて一時大成功を収めた[35)]。

第3は企業間で行われる。この統合・調整はメーカー，供給業者及び小売業者によって構築されるサプライ・チェーンやディマンド・チェーン，競合メーカー間で行われる共同開発や構築される国際標準規格やデファクト・スタンダードの確立といった形で具体化されている。

2 統合・調整の方向性の多様化

こうしたグローバル統合・調整メカニズムは，マーケティング諸活動を標準化あるいは適応化というように一軸二極のうちの一方向に統合・調整するだけのものではない。マーケティング諸活動は標準化と適応化の相互作用を繰り返しながら，各市場の環境変化に対応していく中で進化していくのである（図表8－9参照）。

例えば，キッコーマンは日本駐在米国人の洋食での醬油利用を知り，米国に醬油をそのまま輸出した。米国においては現地食文化を理解し，香辛料を付加

35）Kotabe and Helsen (2007), p.369．なお，ノキアは現在では成熟した携帯電話事業を米マイクロソフトに売却している。フィンランド政府はノキアの衰退を受けて，ゲーム産業支援事業Skeneを設立し，世界的ヒットとなった「アングリーバード」を生み出したロビオ・エンターテインメントなどのスマートフォン・ゲーム企業に積極的な投資を行い，世界的なヒットゲームを生み出している。

図表８－９　標準化適応化の循環によるグローバル・マーケティングの進化

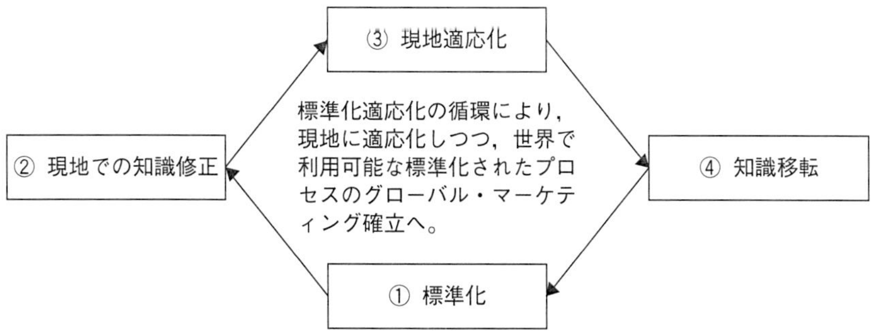

出所：馬場（2004），94頁の枠組みを，熊倉（2009），130-136頁の内容と130頁の図の枠組みを参考に，筆者が修正。

し甘味を強くした醤油派生調味料（派生商品）を開発し，醤油を知らない顧客に対しては店頭での試食を積極的に行うと同時に，テリヤキなど醤油を用いた料理のレシピを配布し成功を収めた。その後，米国で成功した醤油派生調味料や醤油の試食やレシピ配布といったコミュニケーション戦略は欧州，豪州及び日本に移転された。さらに，米国で開発された戦略は改良され，欧州と豪州両地域において甘味の程度は変更された。欧州では試食場所が店頭からレストランに変更された。ドイツでは鉄板焼きレストランを開業した。豪州では店頭デモに加えてマス・メディアを補強し，レシピは魚用のものも追加された[36)]。

川端はこうした循環のプロセスを投入物と市場脈絡との関係で捉えている。川端は市場の脈絡は多様であり，世界標準化モデルといっても「強固に規格化されたモデル」ではなく，「多様な脈絡（コンテキスト）に耐えうるモデル」であり，代表的な事例であるマクドナルドや世界の有名ファッションブランドにしても，現地の脈絡に合わせて修正を行っていることを述べている（図表８－10参照）。

そして，世界標準化モデルを目指すのであれば，母国のモデルを市場の脈絡

36）熊倉（2009），130-136頁。

図表8－10　市場の脈絡と投入物（企業・業態・商品・コンセプトなど）

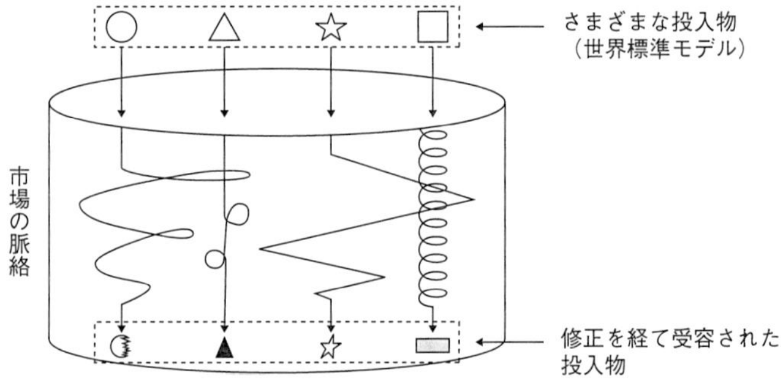

市場の脈絡は投入物によって異なった姿を見せる。つまり，同じ市場でも投入物の特性によって市場の脈絡は異なる影響を与える。また市場の脈絡は動態的なものであるため，投入するタイミングによっても異なった姿を見せる。

出所：川端（2005），27頁。

に投入してみて，結果的に受容あるいは拒絶されたりすることを考えるのではなく，当初から「多様な脈絡に耐えうるモデル」を投入し，刻々と変化する市場の脈絡の中で各国においては，修正を続けていくことが重要であるとしている[37]。

3　地域化を通じた統合・調整

企業活動のグローバル化は多くの産業において進行しているようにみえる。しかし，既述の標準化適応化論争を通じても，標準化の有効性は必ずしも統計的に示されてはいない。グローバル化の中心的存在であるフォーチュン500に名を連ねる多国籍企業の実態に関しても，グローバル化しているという結果は見られていない。

ラグマン・バーベクによれば，フォーチュン500企業のうち地域別データが利用可能な365社のうち320社は，北米，欧州，アジアといった自身の出身地域内での売上高が全売上高の80.3%を占め，フィリップスやノキアといった一

37）川端（2005），15-27頁。

図表8－11　多国籍企業上位500社の事業活動範囲による分類の変遷

タイプの名称	2002年 該当企業数	割　合	自社出身地域 内売上	2017年 該当企業数	割　合
グローバル志向型	9	2.5%	38.3%	36	9.3%
2地域志向型	25	6.8%	42.0%	39	10.1%
進出先地域志向型	11	3.0%	30.9%	25	6.5%
出身地域志向型	320	87.7%	80.3%	286	74.1%

（注）1．グローバル志向型は売上の5割以上を占める地域がなく，3地域から20％以上の売上があり，2地域志向型は売上の5割以上を占める地域がなく，2地域から20％以上の売上があり，進出先地域志向型と出身地域志向型は売上の5割以上が進出先地域あるいは出身地域である。

2．2002年の割合は365社中の割合，2017年の割合は386社中の割合である。

3．Rosa, Gugler and Verbeke (2020) で提示した表では2017年の割合は365社中となっているが，文中の内容は386社となっており，内容を確認した上で後者に基づいて作成した。

出所：Rugman and Verbeke (2004), Rosa, Gugler and Verbeke (2020) の内容に基づいて，筆者が作成。

部例外は存在していた[38]。2002年と2017年を比較してもグローバル志向型は2.5％から9.3％に3倍以上に増加し，2地域志向型（6.8％から10.1％），進出先地域志向型（3.0％から6.5％）も増加したが，グローバル志向型の割合は低く，グローバル志向が支配的になったというよりはまだまだ活動領域を拡大する志向が強まったという状況にとどまっているといえる（図表8－11参照）[39]。

図表8－12は多国籍企業の地域化という視角を含めた戦略の分析枠組みで

38）2002年のグローバル志向型企業9社はフィリップス，ノキア，IBM，ソニー，インテル，キヤノン，コカ・コーラ，フレクトロニクス，LVMHであり，2017年のグローバル志向型企業29社のうち上位10社は，ロイヤル・ダッチ・シェル，アップル，ダイムラー，BMW，トラフィグラ・グループ，ヒュンダイ自動車，IBM，P&G，ユニリーバ，ユナイテッド・テクノロジーズであり，日本企業ではみずほフィナンシャルグループ，マツダ自動車のみ2社が入っている。なお，2地域志向型企業の中には，グローバル志向型に近づいていながら，中東，アフリカ，中南米といったトライアド以外の地域での販売が多いことによって，その地位を達成できなかった企業もあり，サムスン（アジア地域34％，北米地域34％，欧州地域19％でその他地域28％）が代表的企業である。

図表８－12　地域戦略のマトリックス

企業の製品特性 ＼ 企業の組織構造と意思決定の権限	本　社	地域本部	各国支社
グローバル製品	1．エスティーローダー，フィリップモリス，現代，ウォルマート，カルフール	4	7
地域基盤製品	2．メルク，トヨタ	5．アストラゼネカ，ロレアルBAT	8
現地国製品	3	6．クラフト	9

出所：Rugman (2005), pp.49-55. の内容に基づいて，筆者が作成。

ある。グローバル企業の戦略といってもその内容は幅広く，セル１のグローバル製品を展開し，企業の意思決定の権限が本社にある場合から，セル２，セル３の企業の意思決定の権限が本社にあるだけの場合，セル４，セル７のグローバル製品を展開するだけの場合までを含み[40]，業界が同じであっても，企業

39）Rugman and Verbeke (2004), p.7. なお，この枠組みに基づいて，世界中から企業が進出していると考えられる中国やグローバル化を促進する存在として注目されてきたインターネット企業に対象を絞って検討している研究においても，グローバル化ではなく地域化にとどまっているという結果がでている。中国に関する研究に関して詳細は，Yin and Choi (2005), pp.103-120.を，インターネット企業に関して詳細は，Chen (2007), pp.319-345.を参照。地域戦略に関する近年の議論に関して詳細は，藤岡（2022）を参照。

40）Rugman (2005), pp.49-55. 故ラグマンとの共同研究者であったベルベケは地域が国際化の中心であると述べ，研究を継続している。地域が国際化の中心であることに関して詳細は，Verbeke and Asmussen (2016) を参照。

ごとに戦略は異なっている。

こうした数値は企業経営を行う経営者の発言にもあらわれており，グローバル化の恩恵を享受してきたGE，トヨタといった製造業者のトップでさえもローカル市場の重要性を認識する発言を行っている。

ゲマワットは世界がこの先数十年はグローバルではなく，セミ・グローバルなままであろうということを示し，セミ・グローバルな世界において国ごとに存在するさまざまな差異に対応して付加価値を生み出す３つの戦略（AAA戦略）について示している[41]。

AAA戦略は，国ごとの差異に順応する適応（Adaptation）戦略，国ごとの差異のうち，類似するものの集約によって差異を部分的に克服する集約（Aggregation）戦略，国ごとの差異を制約条件として扱うのではなく，その差異を機会として捉え活用する裁定（Arbitrage）戦略について示している。そして，この集約戦略における基準として地理的な地域ごとの集約戦略である地域戦略を示し，その中で地域戦略をうまく展開する企業として，IMVプロジェクトなどの取り組み（図表８－13参照）が注目されるトヨタの事例を取り上げ，同社が６つの戦略を使い分けしていることを示している（図表８－14参照）。

また，ダグラス・クレイグは現状のセミ・グローバルな状況を，グローバル市場拡大における１つの段階であるという従来からのアプローチに基づいて捉えた上で，５つのタイプの市場に対するセミ・グローバルな状況におけるマーケティング戦略について，それぞれ重要課題と戦略的責務について示している（図表８－15参照）。

地域戦略は第９章で述べるグローバル・マトリックス型組織のように二兎を追って一兎も得ずといったことになりかねない。しかし，多くの企業がEUや

41）ゲマワットの主張に関して詳細は，Ghemawat（2007）（望月訳（2009））を参照。彼は集約における基準として地理的基準の他に，販売経路，顧客の業種及びグローバル顧客を示し，さらに多角化企業に特に重要な集約として，グローバル事業部門，製品部門をあげている。また，裁定戦略に関してその多様性についてインド製薬業界の事例を用いて示しており，注目に値する。

図表８－13　IMVプロジェクトの導入国・生産国マップ

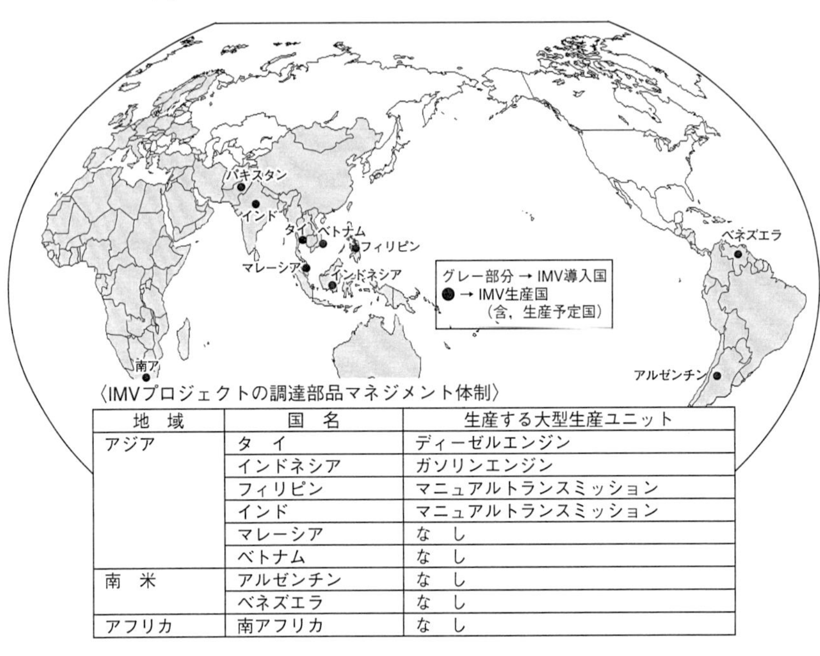

〈IMVプロジェクトの調達部品マネジメント体制〉

地　域	国　名	生産する大型生産ユニット
アジア	タ　イ	ディーゼルエンジン
	インドネシア	ガソリンエンジン
	フィリピン	マニュアルトランスミッション
	インド	マニュアルトランスミッション
	マレーシア	な　し
	ベトナム	な　し
南　米	アルゼンチン	な　し
	ベネズエラ	な　し
アフリカ	南アフリカ	な　し

出所：五味（2008），69頁の図表を，筆者が一部修正。

図表８－14　トヨタの地域戦略

戦　略	具体的内容
地域特化戦略	本国で生産し輸出
地域ポートフォリオ戦略	現地生産を促進
地域ハブ戦略	経営資源を地域ハブに集中
地域間規格化戦略	規格の地域間共有化によって規模及び範囲の経済性を確保
地域間職務委任戦略	特定地域に特化した職務を委任し，特化の経済性を獲得
地域ネットワーク戦略	地域ネットワークを活用し，５つの戦略をうまく活用

出所：Ghemawat (2005), pp.101-107.（マクドナルド京子訳（2006），62-68頁。）及び Ghemawat (2007), pp.142-156.（望月訳（2009），222-243頁。）の内容に基づいて，筆者が作成。

NAFTAの拡大，アジアのブロック化への動向といった外部環境や企業の事業活動のグローバル化のデメリットの顕在化といった内部環境を考慮して，地域

図表8－15　グローバル・マーケティング戦略の構成要素

	先進国市場	グローバルおよびリージョナル・セグメント	国家要素中心の国	国家クラスター	地方市場および都市貧困層
代表例	北米，西欧，日本	世界中に存在するアニメファン	中国，インド，ブラジル	ポストBRICS	BOP
重要課題	・低成長および飽和市場 ・新興市場出身企業との激化する市場	・セグメントを識別する ・効果的なメディアおよび流通チャネルの識別 ・グローバル・イメージを失わず特定の市場コンテキストに合わせた実施	・ローカル競争 ・経済的および文化的ナショナリズムの拡大 ・消費者の嗜好および市場成長パターンの急激な変化への対応	・市場ごとの消費者の異質性 ・国内および国のクラスター間の市場インフラの開発 ・市場間のメディア利用可能性における差異 ・流通構造の差異	・消費者の異質性 ・低水準の消費者所得 ・基本市場インフラの不足 ・制度的な欠如 ・分権化された市場
戦略的責務	・製品およびプロモーション戦略におけるイノベーション ・よりいっそうの戦略の統合および集約と国境横断的戦略実施 ・国家間の製品，アイデアスキルおよびベスト・プラクティスの移転	・国家および地域間の類似した嗜好および選好を有する消費者の識別と接触 ・グローバルおよびリージョナルな魅力のある製品およびプロモーションの開発	・国独特の需要パターンおよび嗜好に合わせた製品およびプロモーション戦略 ・ローカル市場インフラに対応した調整実施 ・ローカルな経営資源の活用	・ローカル市場知識開発 ・ローカルな経営資源の活用 ・ローカル市場条件への戦略および戦術の適合 ・国のクラスター内で類似したニーズ／条件を有する市場識別 ・市場間の製品およびベスト・プラクティスの移転機会の識別	・ローカル市場知識開発と消費者ニーズと行動の社会的意味合いの理解 ・低コスト実用的製品開発 ・流通アクセス構築の必要性 ・ローカル化されたプロモーション・ツールの利用 ・消費者に権限移譲

出所：Douglas and Craig (2011), p.88. の表を，筆者が一部修正。

統括本部を設置し，地域戦略を通じたグローバル統合・調整を模索している42)。

トヨタなどのように柔軟性，創造性，変化する事業環境への冷徹な分析がなされるという条件が整えば43)，地域戦略はグローバル統合・調整の１つの選択肢となりうるのである。

42）地域統括本部に関して詳細は，第９章を参照。

43）Ghemawat (2005), p.108.（マクドナルド京子訳（2006），71頁。）

IX グローバル・マーケティングの組織

1．グローバル・マーケティングの組織とは

マーケティング組織は，企業活動の空間的拡大に伴うマーケティング活動の変化に対応して形態を変化させてきた。輸出が中心の時代には主に輸出の手続き的な処理を行うための部署として，輸出部が設立され，現地生産現地販売が行われるようになるにつれて，国際的に行う事業の統括部署として国際事業部が設立された。

さらに，海外での売上比率が拡大し，国内外という区分よりも，製品別や地域別の区分が有用になるにつれて，製品多角化の程度が高い組織の場合には，製品別事業部型組織が構築され，企業の総売上に占める海外からの売上高の比率が高い場合には，地域別事業部型組織が構築された。そして，両組織の弊害に注目した一部の組織では，両組織を組み合わせた組織形態であるグローバル・マトリックス型組織が構築されたが，この組織は組織構造の複雑さなどによって機能せず，調整機能に優れた既述の地域統括本部が台頭しつつある。

こうした組織形態の変化は，グローバル統合・調整に対する認識の高まりに強く関連する。グローバル配置に必死であった時期には，多国籍企業の本国の親会社の命令が子会社に伝わることが重視され，公式階層型組織の階層をうまく組み合わせることに主眼が置かれていた。しかし，グローバル統合・調整に対する認識が高まることによって，組織として考えるべき対象が親子間だけではなく供給業者，小売業者，消費者へと拡大し，その内容も命令伝達ではなく，コミュニケーションによる双方向の情報共有や価値創造[1]に変化している（図表９－１参照）。

1）ここでの価値創造は，プラハラードとラマスワミが主張する顧客と企業が共同で価値を生み出す価値共創（Co-Creation）の概念と同義である。彼らの主張する価値共創に関して詳細は，Prahalad and Ramaswamy (2004).（有賀訳（2004)。）を参照。

図表9－1　グローバル統合・調整に適した組織への組織形態の変化

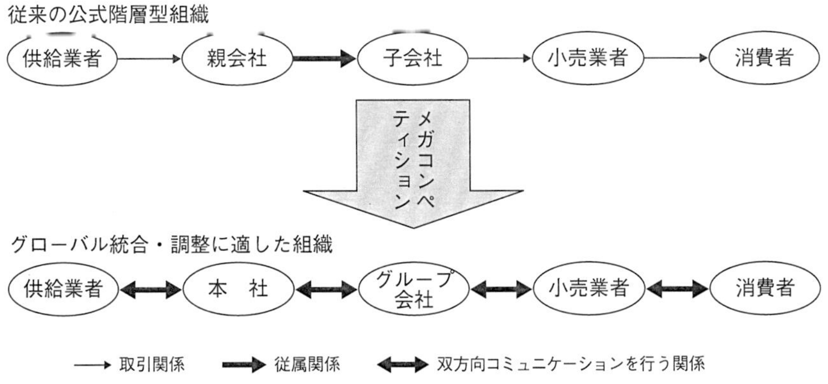

従来の公式階層型組織はこうした変化に十分に対応することができず，近年では階層を少なくしたネットワーク型組織，新たな基軸に基づいた組織であるグローバル・ブランド管理組織，グローバル顧客管理組織などが形成されつつある（図表9－2参照）。

図表9－2　グローバル・マーケティングの組織

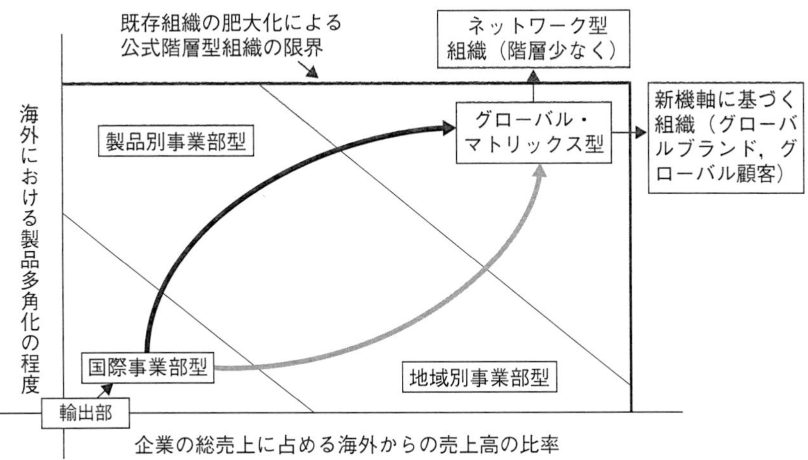

出所：Stopford and Wells, Jr. (1972), p.63.の枠組みに，筆者が加筆修正。

どの組織も万能ということではなく，有効な組織形態は企業ごとに異なるが，既存の組織形態はグローバル・マーケティングにおける新たな組織を検討していく上でも多くの示唆を与えているので，以下では，代表的な公式階層型組織を示した上で，近年注目されている新たな組織形態についても示していく。

2．公式階層型組織の変遷

1 輸出部

輸出部は海外進出初期段階において設立される。多くの組織は国内市場で一定の評価を得ると，海外展開を検討するようになり，当初は企業内の販売部門を中心とした個人や一部の人々が業務の一部として自社商品の海外展開について検討し，海外の見本市に出店したり，間接輸出を行った後，輸出のめどがついた段階で販売部門の中に，輸出部を設立する。輸出部の主な業務は為替手形や信用状の取り扱い，貿易統制，通関手続，国際輸送，海上保険などある程度の専門性が求められる輸出関連手続きである。そして，輸出量や輸出する製品の種類が増加するにつれて，輸出部は販売部門から独立する[2)]。

2 国際事業部

輸出が増加するにつれて，現地市場への対応や現地生産が必要となり，販売子会社や現地生産子会社を管理統制する部門の設立が必要となり，国際事業部が設立される。国際事業部は国際事業に関する権限や責任が付与される（図表9－3参照）。

企業活動における国際事業の割合が増加するにつれて，国際事業部が全ての国際事業を統括することに関して限界が生じてくる[3)]。国際事業といっても，

2）城座・清水・片山（2003），96頁。

3）国際事業部の権限が小さく，各事業部の調整が主な業務となっているケースも多い。詳細は，茂垣・池田（1998），158-159頁を参照。

図表９－３　国際事業部型組織

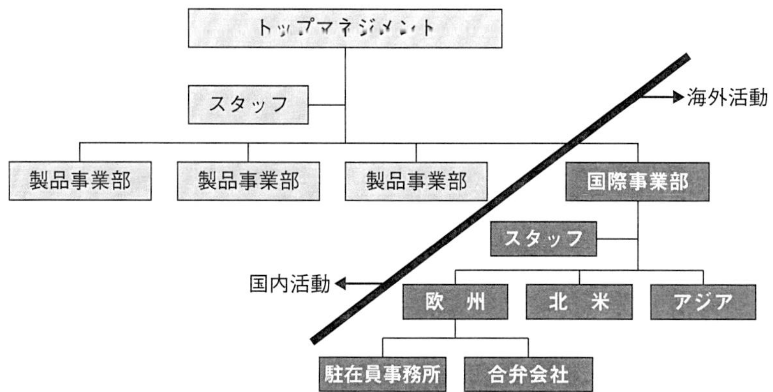

製品や地域によってその内容は多様である。そのため，現地で生産販売される製品が多様化し，進出地域が拡大するにつれて，国際事業部が主要な担い手となりうる業務は減少し，国際事業部の役割はその他の事業部の国際事業の調整にならざるを得なくなり，国際事業部の存在理由は低下し，国際事業を行う新たな組織形態が模索され，既述のように，製品多角化の程度が高い組織の場合には，製品別組織が構築され，企業の総売上に占める海外からの売上高の割合が高い場合には，地域別組織が構築される[4)]。

3　製品別事業部型組織

製品別事業部型組織はテレビ事業部，DVD事業部といったように製品群ごとに事業部を形成し，事業部単位ごとに事業展開を行っていく組織形態である（図表９－４参照）。

この組織は各事業部が特定の製品群に関して地域の区分を越えて世界展開を行っていく権限が付与されているので，国際分業やグローバルな視点から見た

4）グローバル・マーケティングの組織の１つの形態として，機能別組織について示している文献もあるが，近年の文献の多くは製品別と地域別に集約されつつある。

図表9－4　製品別事業部型組織

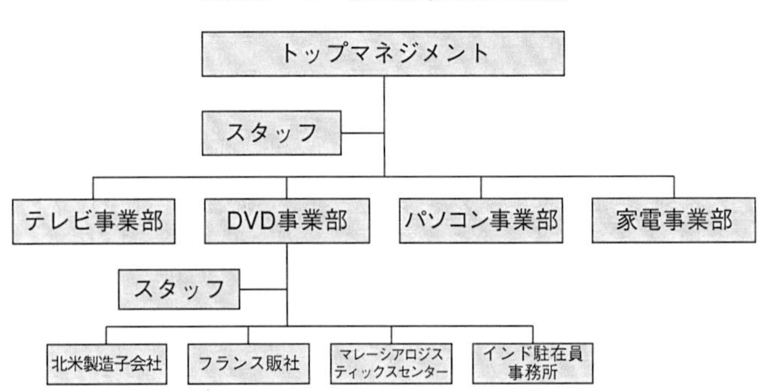

ロジスティックス構築を目指した調整が可能となるので，地域別事業部型組織に比べて，世界的標準化に適した組織であるといえる。

この組織の限界は各製品事業部が中央集権的になる特徴があるため，事業部間の連携が困難になりやすいことである。具体的なデメリットとしては，複数の事業部が同じ国の中に，製品別に工場や事務所を建設してしまうといった重複投資を行いがちなことや，全社的な利潤よりも特定の事業部のみの利益を優先する行動パターンをとる可能性が高まることがあげられる。

4　地域別事業部型組織

地域別事業部型組織は，欧州事業部，北米事業部といったように地域ごとに事業部を形成し，各担当地域の事業部単位ごとに事業展開を行っていく組織形態である（図表9－5参照）。

この組織は環境要因が類似した地域ごとに権限が付与されているので，各地域の市場環境に迅速に対応しやすく，製品別事業部型組織に比べて，現地適応化に適した組織である。

この組織の限界は各地域事業部が現地適応化を重視する特徴が強くなるため，各事業部の独自性は製品事業部型よりも一層強くなりやすいことである。具体的なデメリットとしては，世界各地域での経営資源の利用が重複し，生産効率が低下する可能性が高まることや，経営資源の移転がスムーズになされづらく，

図表９－５　地域別事業部型組織

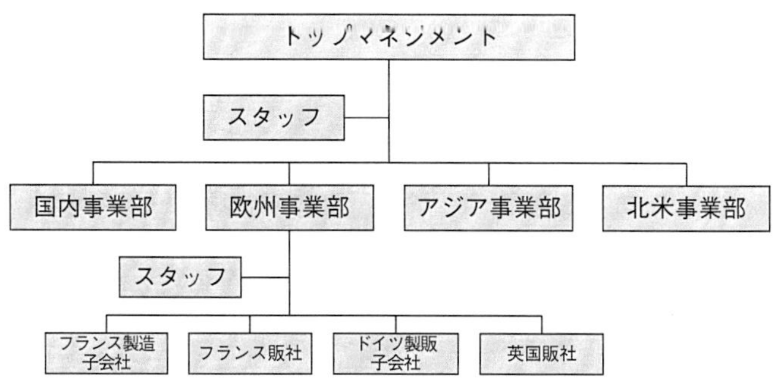

全社レベルでの効率的な経営資源の利用が難しくなることがあげられる[5)]。

5　グローバル・マトリックス型組織

グローバル・マトリックス型組織は，各マネジャーが製品別，地域別といった複数の事業部に所属することで形成される（図表９－６参照）。この組織は事業部の独立性が高くなりすぎるという製品別と地域別の両組織の構造上の限界を克服し，現地適応化と世界的標準化の同時達成を目指して，企業全体として経営資源が有効に活用されるために登場した。

しかし，この組織は構造が複雑すぎるために効率的に管理することが難しく，一般化しなかった[6)]。この組織の具体的なデメリットとしては，二重の命令系

5）リー他（2010）は，特に本社が置かれている地域における組織間調整に関して着目し，本社，地域，支社という階層の限界を克服するために，４階層の組織の役割を明確にした上で地域と支社の間にサブリージョンという階層を置くことについて具体的に示しており注目に値する。彼らの研究に関して詳細は，Lee, Yu and Seetoo (2010) を参照。

6）多国籍企業の多くは多様な事業を営んでおり，製品別及び地域別の混合型を志向する組織もみられる。混合型は事業特性によってある事業では世界的標準化による効率性を重視するので製品別，ある事業では現地適応化を重視するので地域別というようにする場合や，規模が小さい事業を国際事業部の管轄下に置き，既にある程度の規模に達した事業のみを製品事業部にするような場合があげられる。混合型に関して詳細は，茂垣・池田（1998），164-165頁を参照。

図表９－６　グローバル・マトリックス型組織

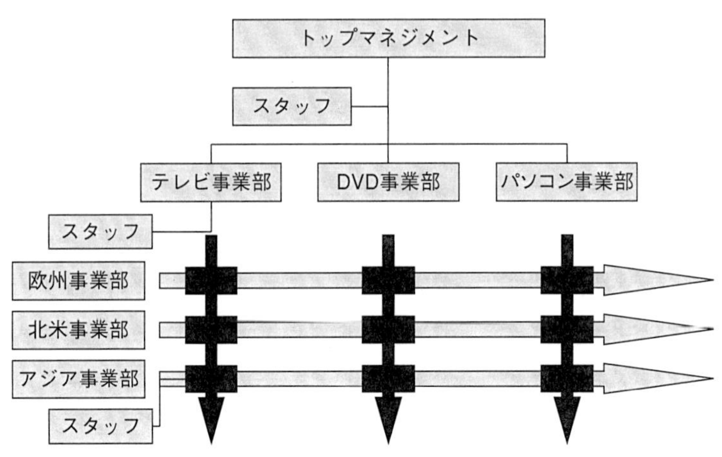

統の存在が意思決定のスピードを低下させること，各業務に関する責任と権限の所在があいまいになること，意思決定の過程で製品事業部と地域事業部との間でコンフリクトが頻発し，調整するためのコストが増大することなどがあげられる。この組織の代表的事例として当初注目された電子・電機メーカーABBでさえも，現在では連絡調整の不効率から大幅な見直しを行っている[7)][8)]。

既述の地域統括本部が統合調整の主体として設置される場合もある[9)]。例えば，世界的掃除機メーカーエレクトロラックス社は，スウェーデンのストックホルム本社の下に，４つの地域統括本部（欧州中東アフリカ，北米，ラテンアメリカ，アジア太平洋に設置）が置かれている。本社が各地域統括本部の活動を現地化しようと調整し，各本部は各国の活動を標準化しようと統合している（図表９－７参照）[10)]。地域管理を行う機関は企業によってその機能に差があり，地域

7）関下（2004），86頁。
8）伊藤・田中（2014）はネスカフェバリスタの事例を検討することにより，ネスレ社が本社の基本戦略を維持するための承認と各国支社の戦略的イニシアティブに基づいたローカライゼーションのための調整をしっかりと行いながら，グローバル・マトリックス型組織のメリットを活かして成果をあげていることを示しており注目に値する。

図表9－7　エレクトロラックス社の組織と統合調整

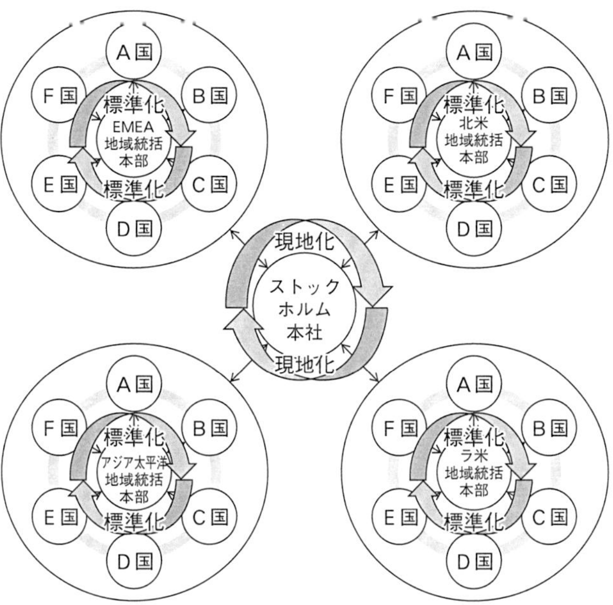

出所：Hollensen and Møller (2018), p.473. の表記を一部修正。

9）青島・須藤（2014）は市場の発展段階を市場参入期，事業拡大期及び事業安定期に区分し，地域統括組織の位置づけの変遷と地域軸の相対的な重要性の高まりについて示した。そして，地域統括組織がグローバル本社機能の一部である地域統括機能を担わなければならないとし，具体的な機能を①リスク対応と間接業務のプラットフォーム機能，②地域戦略支援機能，③レポーティング機能，シンクタンク機能に区分している。地域統括本部に関する近年の研究動向に関して詳細は，ジャーナル・オブ・マネジメント・スタディーズ（Journal of Management Studies）誌第54巻第8号の分割統治特集を参照。同特集では本社機能の細分化や分散について示した上で，地域統括本部に関して詳細に言及している。

10）エレクトロラックス社の本社と地域統括本部及び各国の活動の統合調整に関して詳細は，Hollensen and Møller（2018）を参照。

内の統合調整のあらゆる機能を担当するフル・ファンクショナル・センター，地域内の他の事業との調整と支援を主に行う調整支援センター，販売計画や実行，顧客サービスや支援を主に行うマーケティング顧客サービスセンター，他のセンターに比べて機能が小さい周辺センターというように4分類できる[11)]。

3．公式階層型組織の限界を克服するための組織

1 ネットワーク型組織

既述の組織形態は，基本的には公式階層型組織と呼ばれるものである。公式階層型組織は階層間の秩序が明確であり，決定した事業を着実にこなしていくのに有用な形態であった。しかし，既述の外部環境の大きな変化は外部のアイデアや経営資源の利用がしにくいことや生産する製品の種類や量の柔軟な変更が困難であり，その意思決定のスピードが遅いことなどの公式階層型組織の限界を表面化させた。そして，グローバルな事業展開を行う中で構築された子会社や支社といったグローバル・ユニットが進出市場において成長し，自立性を強く有するようになると，ユニット間のコンフリクトが生じやすくなっており，この構造を維持するために，相当な工夫とコストが必要になっている（図表9－8参照）[12)]。

ネットワーク型組織はこうした限界を乗り越えるために，公式階層型組織を代替するものとして1980年代に普及した（図表9－9参照）。既存の公式階層型組織がピラミッド型の垂直的組織であるのに対して，ネットワーク型組織は各

11）この分類に関して詳細は，Enright (2005), pp.59-82. を参照。

12）キムとモボーニュは肥大化した階層構造の組織における問題点を整理した上で，近年注目されている公正手続きの重要性を示しており，興味深い。詳細は，Chan and Mauborgne (2003), Chapter 8.（諸上監訳（2005），第7章。）を参照。また，エゲルホフは公式階層型組織とネットワーク組織の双方の問題点を指摘した上で，本社がしっかりと役割を果たすことによる公式階層型組織の有用性を強調している。エゲルホフの主張に関して詳細は，Egelhoff (2010) を参照。

図表９－８　現代多国籍企業における階層構造の崩壊

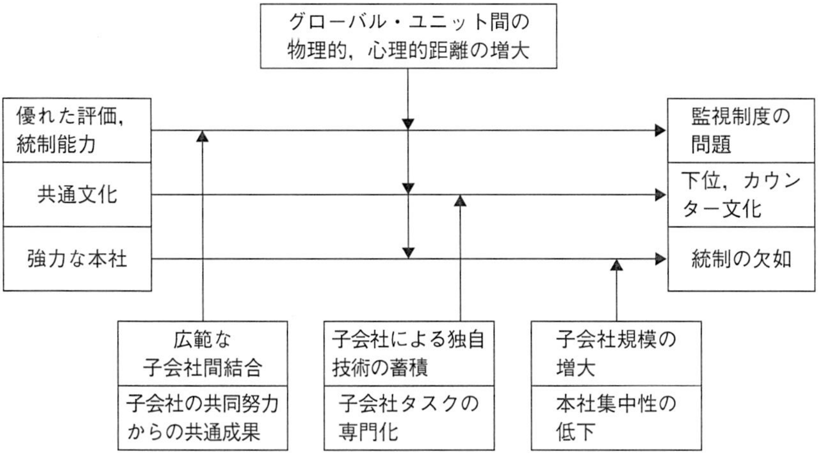

グローバル・ユニット間の
物理的，心理的距離の増大
優れた評価，
統制能力
共通文化
強力な本社
監視制度の
問題
下位，カウン
ター文化
統制の欠如
広範な
子会社間結合
子会社の共同努力
からの共通成果
子会社による独自
技術の蓄積
子会社タスクの
専門化
子会社規模の
増大
本社集中性の
低下

出所：Chan and Mauborgne (2003), p.201.（諸上監訳（2005），162頁。）

図表９－９　ネットワーク型組織

公式階層型より
緩やかな連携
ユニット
ユニット
ユニット
経営資源
専門的知
識の蓄積
ユニット
ユニット
ユニット
外部資源

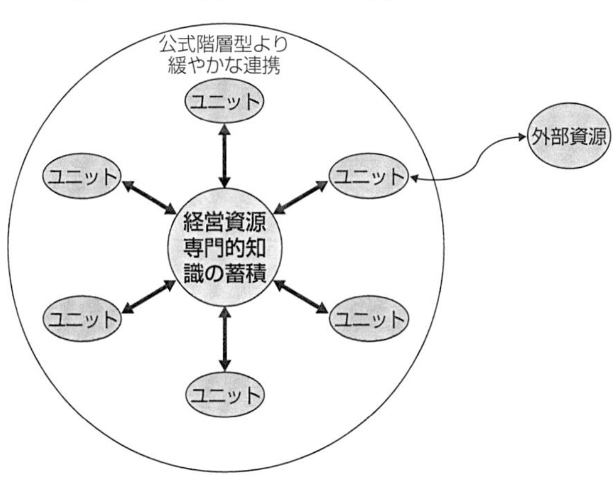

ユニットが中核に位置する，各ユニットから集められた経営資源と専門技術の蓄積を囲んだ水平的組織[13]である。この組織の理想は，ネットワーク型組織に属する各ユニットが世界中のいかなる場所で問題に直面したり，ビジネスチャンスに遭遇しても，同社のグローバルなネットワークが有する経営資源や

図表9―10　サムスン・グループのネットワーク型組織

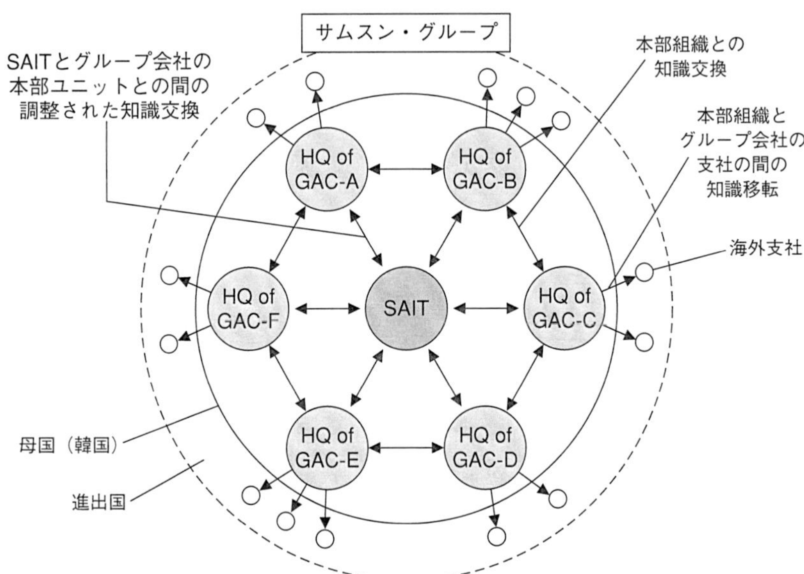

（注）HQは本部，GACはグループ会社をさす。
出所：Lee, MacMillan and Choe (2010), p.593.

専門技術の蓄積に即座にアクセスし利用可能である状況を確保することである[14]。

ネットワーク型組織の代表例として，韓国サムスン・グループがあげられる。サムスン・グループはSAIT（サムスン総合技術院（Samsung Advanced Institute of Technology））を中核としたグループのつながりを用いたネットワーク組織をうまく活用し，グループ内の知識移転を促進している（図表9－10参照）。

13）究極の水平的組織としては，バーチャル組織があげられる。バーチャル組織は公式階層型組織など伝統的な組織に比べて，個人に重点を置く組織であり，外部とのパートナーシップやアウトソーシングといった概念とも関連が深い。バーチャル組織に関して詳細は，Lee and Carter (2005), pp.553-555. を参照。

14）Kotabe and Helsen (2004), pp.549-550.

図表９－11 グローバル・バーチャル・チームワークに関するガイドライン

最高のパフォーマンスのための示唆
・信頼構築を始めるためにフェイスツーフェイスのミーティングを始めなさい。
・実用的であるように小規模なチームを維持しなさい。
・いかにコミュニケーションし行動するかということを含む行動規範を持ちなさい（例えばE-Mailの返信方法）。
・日常的にコミュニケーションしなさい，しかしやりすぎてはいけません。
・確実に皆に各人のそれぞれの役割を理解させなさい。
・組織内の上層部に各人の利益を代行する支援者を置きなさい。
・母体となる組織との強い関係を維持しなさい。
・どのように人々が働くかではなく，結果に報いなさい。

出所："Virtual Teams' Endeavor to Build Trust", Financial Times, Sep. 9, 2004, p.8.

インターネットの普及は，ネットを利用したグローバルなネットワーク型組織である「グローバル・バーチャル・チーム」と呼ばれるE-Mailやビデオ会議を主なコミュニケーション手段とする組織の誕生を促進している。図表９－11はグローバル・バーチャル・チームワークに関するガイドラインであるが，この中にもみられるように，直接的なコミュニケーションがないことによる弊害を減らす努力が必要である。

ボーイング社によるSLICE（Solid Liquid Integrated Cycle）ロケットエンジン開発においては，たった5名のメンバーがたった１回対面で会っただけで全てのプロジェクトをバーチャルで完全に実行した15)。

2 新基軸に基づく組織

① 新基軸に基づく組織

企業がグローバルかつ多角的な事業展開を行うにつれて，多次元に存在する組織間を統合・調整する必要性は高まり，公式非公式を通じた幅広いレベルで

15) Ilan et al. (2021), p.561. バーチャル・チームと対面でのチームの相違に関しては詳細は，Jimenez et al. (2017) を参照。

図表9－12　横断的な連絡調整のタイプと程度

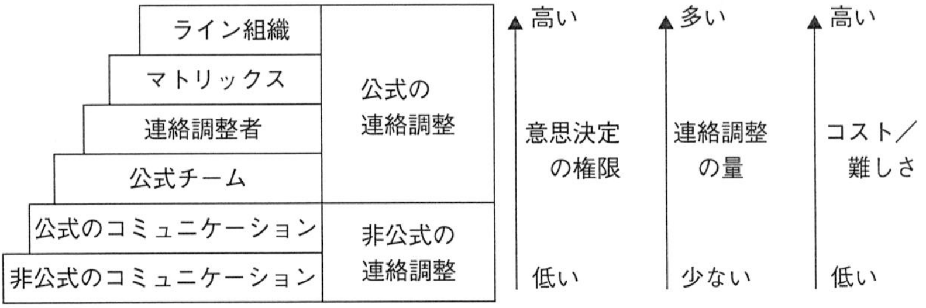

ライン組織	公式の連絡調整	高い	多い	高い
マトリックス				
連絡調整者		意思決定の権限	連絡調整の量	コスト／難しさ
公式チーム				
公式のコミュニケーション	非公式の連絡調整			
非公式のコミュニケーション		低い	少ない	低い

出所：Galbraith (2000), p.201.（斎藤訳（2002），243頁。）の図に，筆者が一部加筆修正。

のコミュニケーションが模索されている（図表9－12参照）。既述のグローバル・マトリックス型組織は失敗したが，コミュニケーションの必要性といった認識は強くなっており，図表9－12で示されるライン組織を新たな基軸に基づいて組織したグローバル・ブランド管理組織[16)]とグローバル顧客管理組織が注目されている。

②　グローバル・ブランド管理組織

グローバル・ブランド管理組織はブランドマネジャー制を発展させた形態である。ブランドマネジャー制はブランドマネジャーという個人がブランドごとにその育成と管理に責任を負い，連絡調整役となってブランド開発に携わるあらゆる関連部門を共同させる[17)]。そのため，ブランドのグローバル化に伴って，調整範囲が拡大し，個人で行うことの限界が見られるケースが増え，ブランドマネジャーを支援する組織であるグローバル・ブランド管理組織が求められるようになった。

グローバル・ブランド管理組織は，ブランドマネジャーでは統制が困難な組

16）なお，ここで主に取り上げられているブランドは企業ブランドではなく，製品ブランドである。

17）乳井・青木（2006），41-43頁。

図表9－13　グローバル・ブランド管理の枠組み

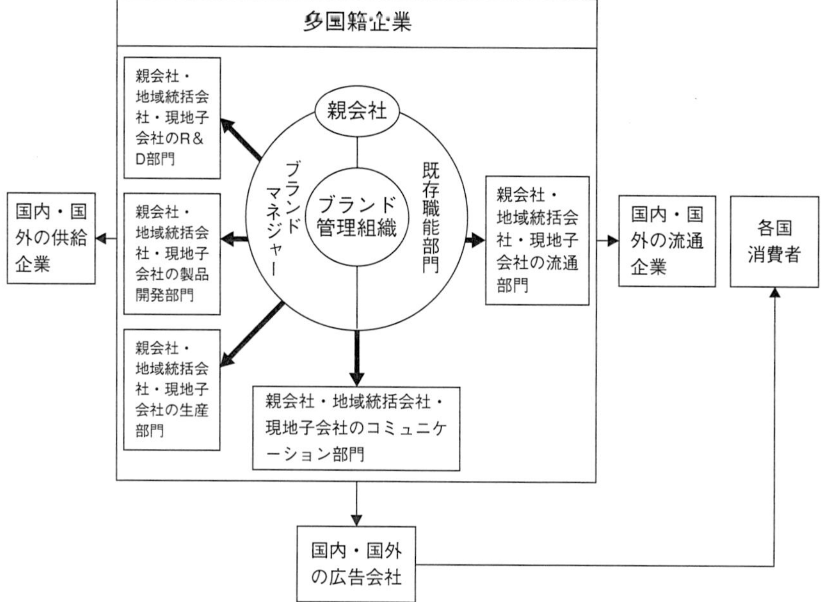

（注）太い矢印はブランド管理組織による職能諸部門への直接的関与を表わし，細い矢印は職能諸部門による外部組織への直接的関与，あるいはブランド管理主体による間接的関与を表わす。
出所：井上（2004），77頁。

織の全社的・事業横断的な管理や消費者，チャネル構成員及び広告会社など外部の関係者との関係も含めた，より包括的な管理を行うことを可能にする（図表9－13参照）[18]。その結果として，グローバル・ブランド管理組織は中央集権的で本社の権限が強くなる傾向が強く，現地組織は「制約された適合化」を行うことによって，グローバル・ブランド管理はなされることになる[19]。

ブランドがグローバル化した場合にも，従来のブランドマネジャー制度をグ

18）井上（2004），51-53頁。
19）原田（2004），70-82頁。

ローバル・ブランドにおいても適応するグローバル・ブランドマネジャーによる管理を行う企業もかなりの程度存在するが，トップマネジメントがグローバル・ブランドを組織として管理するビジネス・マネジメント・チームによる管理を行う企業も増加している[20]。

③　グローバル顧客管理組織

グローバル顧客管理組織は，グローバル顧客という新基軸に基づいて構築された組織である[21]。この組織はグローバル・ソーシングやグローバル・サプライ・チェーンの構築を目指すグローバル顧客やグローバル・リテイラーのニーズに対応して[22]，大口のグローバル顧客を有するサプライヤーやグローバル・リテイラーに対する売上比率が拡大している消費財メーカーにおいて採用されている。

大口のグローバル顧客を有する代表的なサプライヤーであるIBM，シティバンクの商業銀行部門などは既に伝統的な国別組織形態を再編し，一部あるいは全てのグローバル顧客管理チームを顧客の組織に合わせて再編し，グローバ

20）グローバル・ブランド管理組織は現時点では一部の企業が導入しているに過ぎないが，近年，一部の研究者がその実態の解明に取り組んでいる。その組織形態は公式階層型組織として導入している企業から非公式階層型組織によって調整している企業までかなりの差が存在する。そして，公式階層型組織変更型は販促部門と販売部門をマーケティング本部に統合し，川上段階の製品開発を含む統制権限を集中しているのに対して，非公式階層型組織による調整型は川上段階を従来のブランドマネジャーに任せつつ，川下段階の流通政策やコミュニケーション政策を統合し，川上段階と川下段階の調整を行う人材を配置している。

21）通信機器といった特定の領域の製品を取り扱う場合ではあるが，大口顧客を区分するだけではなく，大企業，中堅企業，一般消費者，公共機関といった顧客層と，米州，EMEA（欧州中東アフリカ），APJ（アジア太平洋日本）といった地域の２軸で組織を強化し，顧客層別のソリューションを米州からEMEAといったように横展開する事例も存在する。詳細は青嶋・久保田（2011），51-52頁を参照。

22）Yip and Madsen (1996), p.26. なお，近年の多国籍企業に対する調査においても，グローバル顧客管理へのニーズの高まりが示されている。この調査結果に関して詳細は，Montgomery and Yip (2000). を参照。

ル顧客管理組織を置き[23]，世界全体で一貫したサービス，グローバル顧客に対する交渉窓口の一本化，バリューチェーンを構築するためのパートナーシップ，顧客本部近くへのグローバル顧客窓口の設置などを行っている[24]。

地域別などの伝統的組織形態を維持する企業であっても，既存組織とグローバル顧客管理組織の相違に対応するために，両組織の仲介を行うグローバル顧客管理チームやグローバル顧客管理マネジャーを配置している[25]。例えば，マルチドメスティックな先駆的な取り組みで有名なYKKのファスニング事業も，北中米，南米，EMEA（ヨーロッパ，中東，アフリカ），東アジア，ASAO（ASEAN，南アジア，オセアニア）の世界6極体制という地域別組織を維持しつつも，バイヤー本部と地域統括会社にアカウントマネジャーを置き，世界的なSPAによる納期短縮などの要求，デザイン，製造，販売の分離といった状況に対応して，大口顧客に対しグローバルな情報提供を行い，顧客のニーズに対応している[26]。

また，魅力あるグローバル・ブランドを多く有する消費財メーカーはウォルマート，カルフール，テスコに代表されるグローバル・リテイラーに対する売上比率が拡大するに伴って，グローバル・リテイラーとの関係を短期的な取引を繰り返す関係からパートナーシップへと変化させつつある。ウォルマートはP&Gやヘンケルとのパートナーシップをたくみに利用することによって成長を続けている。

P&Gとの20年以上のパートナーシップは有名であり，ウォルマートがP&Gのブランドを必要とし，P&Gがウォルマートの顧客へのアクセスを必要とするという相互信頼関係に基づいている。ウォルマートはP&Gを十分に信頼し，

23）Galbraith (2000), p.234.（斎藤訳（2002），282頁。）

24）Yip and Madsen (1996), p.40.

25）Narayandas, Quelch and Swartz (2003), pp.101-102.（諸上監訳（2005），66頁。）グローバル顧客マネジャーの仲介者としての役割に関して詳細は，Wilson and Millman (2003), pp.151-158. を参照。

26）岸本・山本・桑名（2007）。

図表９－14　グローバル顧客管理に対する組織構造

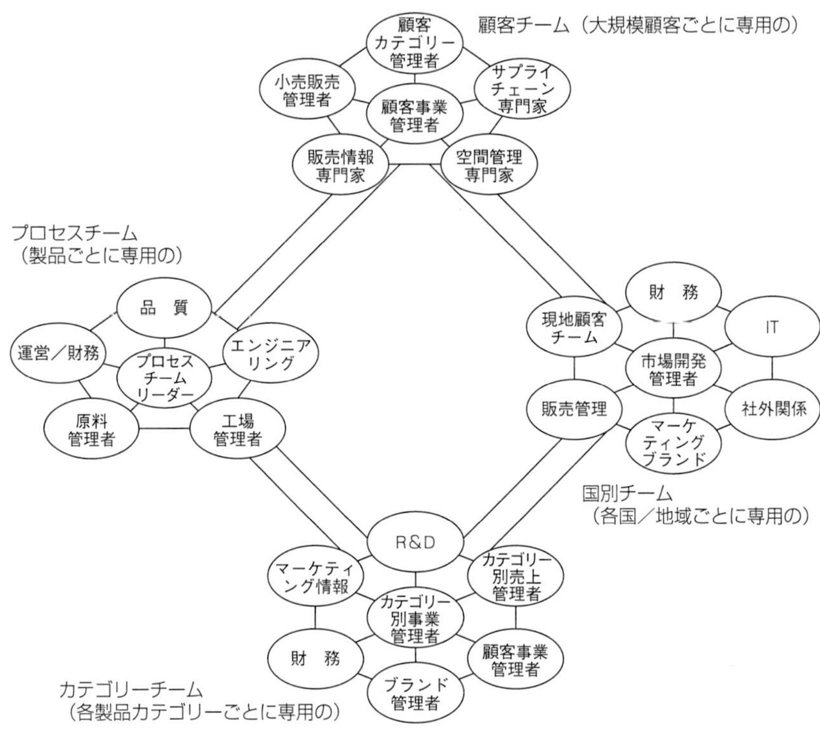

（注）George, Freeling and Court (1994), p.59.の図の枠組みに基づいている。
出所：Kumar (2004), p.137.（丸谷訳（2008），150頁。）

売上と価格データを共有し，発注過程管理と在庫管理を任せた。P&Gはウォルマートを十分に信頼し，ウォルマートという上得意に大規模な部門横断型チームを提供し（図表９－14参照），エブリデイ・ロー・プライスを採用し，カスタマイズした情報の連結に投資する。P&Gのチームは，ウォルマートへの販売増加に集中する代わりに，両社の利益を最大化する，ウォルマートを通じたP&G製品の売上増加に集中する[27]。近年では，同社はP&Gと競合するドイ

27）Kumar (2004), p.123.（丸谷訳（2008），136頁。）

ツ出身の世界的化学メーカーヘンケルのグローバル顧客管理プログラムを利用することによって独自ブランド開発を行い，サプライチェーンをさらに強化している[28]。

グローバル・ブランドを展開するメーカーは上記の事例のように，現在はグローバル顧客に対する専門チームを構築し，国別組織，プロセスチーム，カテゴリーチームと調整して活動している。しかし，今後さらにグローバル顧客への依存度が高まれば，販売及びマーケティング機能を強化し，国別事務所を排除し，本部のマーケティング部門を削減あるいは格下げすることになると考えられる。そして，彼らのリーダーは究極の最高顧客担当責任者（CCO）であるCEOやトップマネジメントの中心として置かれるCCOに報告するようになる。そして，彼らは大規模なグローバル顧客の代理人としての役割を果たし，グローバル顧客の現場レベルのチーム・リーダーが解決できない問題に関して介在する可能性がある[29]。

28）ウォルマートとヘンケルのパートナーシップに関して詳細は，Hollenson (2011), pp.713-715. を参照。

29）Kumar (2004), p.146.（丸谷訳（2008），159頁。）

参考文献
REFERENCE

■和文文献

青木崇（2007）「国際機関のCSRに関する企業行動指針」『イノベーション・マネジメント』第4号，105-124頁。

青嶋稔・塩野正和（2014）「グローバル本社におけるマーケティング機能の強化」野村総合研究所コンサルティング事業本部『「強くて小さい」グローバル本社のつくり方　世界戦略の実現に向けた機能強化策』野村総合研究所，133-146頁。

青嶋稔・須藤光宜（2014）「グローバル戦略を推進する地域統括機能のあり方」野村総合研究所コンサルティング事業本部『「強くて小さい」グローバル本社のつくり方　世界戦略の実現に向けた機能強化策』野村総合研究所，221-240頁。

青嶋稔・久保田洋介（2011）「グローバルマーケティング組織改革－新興国ニーズを捉えグローバル成長シナリオ実現を支える仕組み」『知的資産創造』第19巻第3号，46-59頁。

赤羽淳（2014）『東アジア液晶パネル産業の発展　韓国・台湾企業の急速キャッチアップと日本企業の対応』勁草書房。

秋山憲治（2005）「中国経済の国際化」『現代中国の流通』同文舘。

天野恵美子（2002）「グローバル・マーケティングにおける適応化の有効性」『中央大学大学院研究年報（商学研究科篇）』第31号，251-261頁。

井澤豊彦（2004）「飛翔！ホンダジェット」『航空ファン』第53巻第3号，62-66頁。

石浦英博（2009）「進出段階から撤退の準備を」『ジェトロセンサー』709号，74-75頁。

石川和男・丸谷雄一郎（1999）「清涼飲料メーカーの自販機チャネル戦略」『マーケティング・ジャーナル』第72号，43-50頁。

イスラム金融検討会（2008）『イスラム金融－仕組みと動向』日本経済新聞出版社。

伊藤文雄（2002）「インドネシアにおける「味の素ハラール事件」」『青山マネジメントレビュー』第2号，62-71頁。

伊藤嘉浩・田中洋（2014）「ビジネスモデルのローカライゼーション—ネスカフェバリスタの事例—」『国際ビジネス研究』第6巻第2号，31-47頁。

犬塚正智（2006）「台湾半導体製造企業の競争戦略」『創価経営論集』第30巻第2・3合併号，31-44頁。

井上幸太郎（2014）「M&Aを考える（下）　企業統治，変化の契機に」『日本経済新聞』2014年2月4日付。

井上真里（2004）「グローバル・ブランド管理の分析枠組」『グローバル・ブランド管理』白桃書房，47-65頁。

井上真里（2004）「グローバルブランド管理の新傾向」『国際ビジネス研究学会年報』第10号，73-89頁。

今井健一（2008）「徳信，展訊，中星微電子」『中国発・多国籍企業』同友館。

ヴィラユース・カンチューチャット（2014）「「中所得国の罠」をめぐる議論　現状分析と将来予測」『国際問題』第633号，5-15頁。

臼井哲也（2006）『戦略的マス・カスタマイゼーション研究－国際市場戦略の新視角－』文眞堂。

梅津哲也（2009）「ブラウンフィールド投資に見る工場の早期稼働可能性」『ジェトロセンサー』第59巻705号，80-81頁。
NHKスペシャル取材班（2008）『激流中国』講談社。
江村英哲・佐藤嘉彦（2009）「互恵主義で壁越える」『日経ビジネス』第1521号，28-31頁。
大石芳裕（2001）「グローバル・マーケティングの現代的課題　ブランドとIT：アマゾン・ドット・コム」『21世紀のマーケティング戦略』ミネルヴァ書房，52-79頁。
大石芳裕（2022）「グローバル・マーケティングにおける組織的課題」『明治大学社会科学研究所紀要』第60巻，第2号，171-195頁。
大石芳裕（2000）「グローバル・マーケティングの概念規定」『グローバル・マーケティングへの進化と課題』同文舘，33-53頁。
大石芳裕（1996）「国際マーケティング複合化戦略」『国際マーケティング体系』ミネルヴァ書房，126-149頁。
太田幸治（2006）「企業のドメインとマーケティングにおける製品戦略」『愛知経営論集』第153号，35-61頁。
太田直樹・後藤将史（2007）「6つの戦略モデルから考察するBRICSプラスの優良企業100社」『Diamond Harvard Business Review』第32巻第11号，186-202頁。
長内厚・神吉直人編著（2014）『台湾エレクトロニクス産業のものづくり　台湾ハイテク産業の組織的特徴から考える日本の針路』白桃書房。
尾上伊知郎（1995）「戦略的マーケティングの構図」『マーケティング・ベーシックス』同文舘，23-45頁。
外務省経済局（2009）『日本の経済連携協定（EPA）交渉 －現状と課題－』。
外務省経済局（2007）『日本の経済連携協定（EPA）交渉 ―現状と課題―』。
鐘井輝（2022）『国際マーケティング入門』三恵社。
唐沢龍也（2019）『広告会社の国際知識移転と再創造』文眞堂。
川上桃子（2005）「台湾パーソナル・コンピュータ産業の成長要因　ODM受注者としての優位性の所在」『東アジア情報機器産業の発展プロセス』アジア経済研究所，41-74頁。
川畑康治（2006）「産業構造変化とその見方：ペティ＝クラークの法則から動学的一般均衡分析まで」『発展途上国のマクロ経済分析序説　アジア経済研究所調査研究報告書2005』，57-75頁。
川端基夫（2013）「外食グローバル化のダイナミズム：日系外食チェーンのアジア進出を例に」『流通研究』第15巻第2号，3-23頁。
川端基夫（2005）『アジア市場のコンテキスト　東南アジア編』新評論。
岸本寿生・山本崇雄・桑名義晴（2007）「マルチドメスティック型からネットワーク型組織への移行プロセス－YKKのグローバル・ソーサーに対する取り組み－」『2007年10月28日第14回国際ビジネス研究学会全国大会配布資料』。
木下明浩（2006）「三陽商会のブランドの発展」『立命館経営学』第44巻第5号，93-119頁。
金炯中（2011）「標準化・適応化戦略における市場選択の重要性－サムスン電子の事例を中心として－」『国際ビジネス研究』第3巻第2号，145-158頁。
金雅美（2007）『MBAのキャリア研究 日本・韓国・中国の比較分析』中央経済社。
グエン ティ ビック フェ・富山栄子・グエン トゥー トウイ・ホアン レ トゥー フォン（2021）「マクドナルドのベトナム市場での苦戦に関する一考察 ―ベトナムマクドナルドの経営戦略の不整合性を中心に―」『事業創造大学院大学紀要』第12巻第1号，115-129頁。
熊倉広志（2009）「キッコーマン」『日本企業のグローバル・マーケティング』白桃書房，113-140頁。
グロービス・湊岳（2010）『ウェイマネジメント－永続する企業になるための「企業理念」の作り

方－』東洋経済新報社。
経済産業省（2018）『通商白書2018』経済産業省。
小池洋一（2014）『社会自由主義国家ブラジルの「第３の道」』新評論。
黄磷（2001）「マーケティング理論枠組の拡張・グローバル・マーケティングからの試論」『日本商業学会関西・九州連合部会2001年１月13－14日配布レジュメ』。
黄磷（2000）「新興市場における多国籍企業の広告活動」『平成11年度　吉田秀雄記念事業財団助成研究報告書』。
黄磷（2000）「マーケティング資源の国際移転について」『国民経済雑誌』第182巻第１号，69-83頁。
小坂恕（1997）『グローバル・マーケティング』国元書房。
小杉泰（2004）「イスラームのことば５　イスラム銀行」『言葉』第33巻第５号，12-15頁。
小林寧子（2001）「インドネシアの「味の素」騒動の顛末」『イスラム世界』第57号，63-75頁。
小針進（2019）「韓国の国家ブランディング政策」『日中間の相互イメージとポピュラー文化 国家ブランディング政策の展開』明石書店，102-142頁。
五味紀男（2008）「国際経営と研究開発」『国際経営論の基礎』文眞堂，59-72頁。
近藤啓（2011）「ユニ・チャームの全社戦略」『企業戦略白書Ⅸ』東洋経済新報社，228-252頁。
酒井隆（2005）『マーケティング・リサーチ・ハンドブック』日本能率協会マネジメントセンター。
相模真紀（2006）「日用品「日本発」こそ最強」『日経流通新聞』2006年４月21日付。
佐藤仁（2013）「急成長するアフリカの情報通信市場：携帯電話を中心に」『InfoCom REVIEW』第61号，42-65頁。
ジェトロ海外調査部北米課（2008）『米国企業のインド市場戦略』ジェトロ。
篠崎彰彦，田原大輔（2014）「教育・所得水準とICTの普及に関するグローバルな動態変化の分析―デジタル・ディバイドから経済発展の可能性へ―」『InfoCom REVIEW』第62号，18-35頁。
嶋正（2007）「ボーン・グローバル市場の戦略」『グローバル・ビジネス戦略の革新』同文館，229-247頁。
嶋正（2000）「グローバル・マーケティングの進化」『グローバル・マーケティングへの進化と課題』同文舘，13-31頁。
下原口徹（2009）「仏ダノン，中国合弁解消」『日経産業新聞』2009年10月１日付。
蔣瑜潔（2014）「M&Aを通じた中国民族系自動車メーカーの成長戦略―異なるビジネスの統合と並存を同時に追求するマネジメント」『国際ビジネス研究』第６巻第２号，49-62頁。
城座良之・清水敏行・片山立志（2003）『グローバル・マーケティング（三訂版）』税務経理協会。
菅原秀幸（2007）「国際ビジネスの新たな研究課題－多国籍企業による貧困削減はビジネスになるか？－」『国際ビジネス研究学会第14回配布Working Paper, Version 3』。
政策情報研究会（2003）『平成14年度　政策情報研究会報告書』政策情報研究会。
関下稔（2004）「現代多国籍企業の組織構造の考察－多国籍企業の海外子会社とは何か(3)－」『立命館国際研究』第16巻第３号，339-363頁。
孫特峰（2018）「製造・開発現場の知識創造と知識移転―中国における日本アパレル企業Ａ社の事例分析―」『日系企業の知識と組織マネジメント　境界線のマネジメントからとらえた知識移転メカニズム』白桃書房，142-164頁。
高橋俊樹（2009）「関心が高まる新興16カ国の横顔」『ジェトロセンサー』第50巻第698号，64-68頁。
高橋浩夫（2011）『テキスト現代の国際経営戦略』中央経済社。
高橋正泰・高木俊雄（2005）「企業の国際戦略における戦略的アライアンス」『経営論集（明治大学）』第53巻第１・２号，1-13頁。
ダグラス・K・フリードマン（2014）「TPP交渉参加で議論再燃！海外投資を保護するISDS条項の

使い方」『ビジネス法務』第14巻第1号，124-128頁。
竹田志郎（1991）「市場のグローバル化と企業のグローバル化」『経営行動』第6巻第1号，2-9頁。
多田和美（2014）『グローバル製品開発戦略　日本コカ・コーラの成功と日本ペプシコ社の撤退』有斐閣。
多田和美（2007）「海外子会社の製品開発能力－日本コカ・コーラ社の事例－」『2007年10月28日国際ビジネス研究学会第14回全国大会配布資料』。
多田和美（2008）「海外子会社の製品開発に関する研究 —日本コカ・コーラ社の事例を中心に」『経済学研究（北海道大学)』第58巻第2号，79-106頁。
立本博文（2011）「グローバルスタンダード，コンセンサス標準化と国際分業－中国のGSM携帯電話導入の事例－」『国際ビジネス研究』第3巻第2号，81-97頁。
田中洋（2006）「グローバル広告の戦略課題　メタナショナルな広告活動へのステップス」『AD STUDIES』第16号，11-17頁。
田中陽・戸田顕司（2008）「コカコーラ・P&G　世界で稼ぐ「和魂商才」」『日経ビジネス』1438号，26-42頁。
寺崎新一郎（2021）『多文化社会の消費者認知構造：グローバル化とカントリー・バイアス』早稲田大学出版部。
鄭小平（2011）「中国における地域格差の変化とその原因：戦後日本経済の経験を参考に」『立命館經濟學』59(6)，1458-1470頁。
竇少杰・横井和彦編著（2022）『現代中国の経済と社会』中央経済社。
富山栄子（2005）『わかりすぎるグローバル・マーケティング』創成社。
富山栄子（2004）『ロシア市場参入戦略』ミネルヴァ書房。
富山栄子（2004）「グローバル・マーケティングの分析視角」『日本商業学会関東部会　2004年3月27日報告レジュメ』。
永池克明（2011）『国際企業経営の大転換』九州大学出版会。
中江郁子（2009）「発展途上国における貧困層ビジネスの可能性と今後の課題」『TRC eye』第230号。
中岡稲多郎（2009）「リスクマネジメント　撤退基準の厳格化がさらなる成長をもたらす」『エコノミスト』第87巻第30号，38-39頁。
中道一心（2013）『デジタルカメラ大競争　日本企業の国際競争力の源泉』同文館出版。
中村久人（2001）「異文化接触と国際経営」『経営論集（東洋大学)』第54号，111-131頁。
成瀬美和（2009）「新興国で稼ぐ3　ユニチャーム中東・北アフリカ」『日本経済新聞』2009年7月1日付。
二階堂有子（2013）「インド製造業の成長を阻害している要因（1)」『武蔵大学論集』第61巻第1・2号，35-47頁。
西川英彦（2009）「ユニ・チャームvs花王vsP&G　ベビー用紙オムツ」『ビジネス三國志』プレジデント社，153-182頁。
乳井瑞代・青木幸弘（2006）「日本企業におけるブランド・マネジメント組織の現状と課題」『組織科学』第39巻第3号，40-50頁。
糠谷英輝（2007）『拡大するイスラーム金融』蒼天社出版。
ヌルハイザルアザムアリフ，岸本寿生（2021）「地域企業の変容過程：戦後の街の片隅から世界の食卓へ：オタフクソースの事例」『経済系：関東学院大学経済経営学会研究論集』第284集，57-77頁。
朴正洙（2012）『消費者行動の多国間分析—原産国イメージとブランド戦略』千倉書房。
博報創名プロジェクト・莫邦富・筧裕介（2005）『中国語ネーミング開発ハンドブック』日本能率協

会マネジメントセンター。
馬場一（2004）「国際マーケティング標準化—適応化フレームワークの再構築」『関西大学商学論集』第49巻第2号，275-301頁。
林廣茂（2007）『日韓企業戦争 国際市場で激突する宿命のライバル』阪急コミュニケーションズ。
林廣茂（2005）Globalization of Japanese Marketing 2005～From “Transfer” (90’s) to “Spiral Evolution” (00’s)～，『2005年5月27日開催グローバルマーケティング研究会配布資料』。
林廣茂（1999）『国境を超えるマーケティングの移転』同文舘。
原田将（2004）「グローバル・ブランド管理における本社・子会社間の調整形態」『グローバル・ブランド管理』白桃書房，67-89頁。
フィリップ・コトラー，ゲイリー・アームストロング，恩藏直人（2014）『コトラー，アームストロング，恩藏のマーケティング原理』丸善出版。
菱山隆二（2002）「「危機管理」リレー・エッセイ(16)グローバル企業の危機管理——ナイキに見る社会との合意形成」『経済広報』第24巻第7号，10-14頁。
藤岡資正（2022）「グローバル・マーケティング戦略とマネジメント・コントロール・システム —複合化戦略プロセスの解明に向けた実践ベースアプローチの可能性—」『経営論集（明治大学経営学研究所）』第69巻第4号，101-134頁。
藤岡豊（2003）「多国籍企業における知識移転」『西南学院大学商学論集』第49巻第3・4号，87-121頁。
藤沢武史（2002）「グローバル・マーケティングの研究課題」『商学論究（関西学院大学）』第49巻第4号，117-134頁。
藤沢武史（2000）『多国籍企業の市場参入行動』文眞堂。
古川裕康（2021）『グローバル・マーケティング論』文眞堂。
Bhattacharya, Arindam他（2014）「ライバル，そしてパートナーとしての新興国企業—2013年グローバル・チャレンジャー」ボストン・コンサルティング・グループ編『ゲームを変え，未来をつくる論考十選』ボストン・コンサルティング・グループ，1-12頁。
松井泰宏（2005）「米国企業のOffshoring（オフショアリング）の進展とその影響」『日本政策投資銀行ワシントン駐在員事務所報告』74号。
松井義司（2017）「日系企業の新興国市場参入戦略：—エプソンのインクタンクプリンター導入事例—」『經營學論集（日本経営学会）』第87号，1-7頁。
松江哲朗（2021）『ブラジル企業多国籍化の構図 国家・為替相場がもたらす影響と変化』日本評論社。
松下奈美子（2016）「科学技術分野における高度人材の集団的国際移動に関する社会学的考察—アメリカに移動するインド人IT技術者集団の事例をもとに—」『移民政策研究』第8号，138-154頁。
松本晃一（2005）『アマゾンの秘密　世界最大のネット書店はいかに日本で成功したか』ダイヤモンド社。
松本茂（2014）『海外企業買収失敗の本質　戦略的アプローチ』東洋経済新報社。
丸谷雄一郎（2001）「国際マーケティング」『現代マーケティング論』創成社，193-215頁。
丸谷雄一郎（2001）「国際マーケティングの概念規定に関する再検討」『経営総合科学』第77号，51-70頁。
三浦俊彦・丸谷雄一郎・犬飼知徳（2017）『グローバル・マーケティング戦略』有斐閣。
三浦俊彦（2014）「グローバル市場研究の諸問題」KMS研究会監修『戦略的マーケティングの構図 マーケティング研究における現代的諸問題』同文館，205-229頁。
三浦俊彦（2014）『日本の消費者はなぜタフなのか　日本的・現代的特性とマーケティング対応』有斐閣。

三浦俊彦（2009）「グローバル・マーケットと消費者行動」『グローバル・マーケティング入門』日本経済新聞出版社，79-111頁。
三浦俊彦（2004）「戦略的マーケティングとマーケティング・マネジメント」『マーケティング概論』中央大学出版部，35-54頁。
三浦俊彦（2000）「マーケティング・マネジメントの上位概念としてのグローバル・マーケティング」『中央大学企業研究所報』第21号，315-332頁。
三浦俊彦・伊藤直史（1999）「思考型／感情型製品類型と国際マーケティング戦略－APD世界10地域消費者調査を題材に－」『マーケティング・ジャーナル』第72号，12-31頁。
水野亮（2008）「世界のFTA一覧」『WTO/FTA Column』第51号。
宮森千嘉子・宮林隆吉（2019）『経営戦略としての異文化適応力：ホフステードの6次元モデル実践的活用法：CQ Cultural Intelligence』日本能率協会マネジメントセンター 。
向山雅夫（2009）「KUMON」大石芳裕『日本企業のグローバル・マーケティング』白桃書房，23-39頁。
村松潤一（1994）『戦略的マーケティングの新展開』同文舘。
村山宏（2021）『アジアのビジネスモデル 新たな世界標準』日経BP社。
茂垣広志・池田芳彦（1998）『国際経営論　マーケティングとマネジメント』学文社。
森辺一樹（2014）「P&Gから学ぶアジアのチャネル構築」『日経ビジネスオンラインhttp://business.nikkeibp.co.jp/article/opinion/20141113/273799/（2014年11月17日付）』。
森辺一樹（2000）『この1冊ですべてわかるグローバル・マーケティングの基本』日本事業出版社。
諸上茂登（2013）『国際マーケティング講義』同文館。
諸上茂登（1997）「グローバル・マーケティング戦略」『グローバル統合調整メカニズム』文眞堂，105-130頁。
諸上茂登・藤沢武史（1997）『グローバル・マーケティング』中央経済社。
諸上茂登・根本孝（1996）『グローバル経営の調整メカニズム』文眞堂。
山下達哉（1995）「国際戦略提携による競争優位の構築」『富士論纂』第40巻第1号，38-56頁。
山本崇雄（2004）「多国籍企業のユニット間知識フロー」『千葉商大論叢』第41巻第4号，123-142頁。
吉川純恵（2013）「中国とWTO　加盟10年を経たWTOルールの遵守状況とWTOへのアプローチの分析」『現代中国』第87号，59-71頁。
吉田悦章（2007）『イスラム金融入門』東洋経済新報社。
吉森賢（2006）『グローバル経営戦略』日本放送出版協会。
李雪（2014）『中国消費財メーカーの成長戦略』文眞堂。
李澤建（2020）『新興国企業の成長戦略』晃洋書房。
和田充夫・日本マーケティング協会編（2005）『マーケティング用語辞典』日本経済新聞社。
和田充夫（2000）「事業領域の選択」『マーケティング戦略（新版）』有斐閣，38-56頁。
渡部千春（2010）『日本ブランドが世界を巡る』日経BP社。

■欧文文献

Abell, Derek F. (1980), *Defining the business : the starting point of strategic planning*, Prentice Hall.
Agarwal, Sanjeev and Ramaswami, Sridhar N. (1992), Choice of foreign market entry Mode: impact of ownership, location, and internalization factors, *Journal of International Business*

Studies, Vol.23 (First Quarter), 1-27.

Agrawal, Jagdish and Wagner A Kamakura (1999), Country of origin: A competitive advantage?, *International Journal of Research in Marketing*, Vol.16, No.4, 255-267.

Agrawal, Madhu (1995), Review of a 40-year Debate in International Advertising : Practitioner and Academician Perspectives to the Standardization / Adaptation Issue, *International Marketing Review*, Vol.12, No.1, 26-48.

Agtmael, Antoine van (2007), *The emerging markets century : how a new breed of world-class companies is overtaking the world*, Free Press.

Aguiar, Marcos (2009), *The 2009 BCG 100 New Global Challengers*, BCG.

Alden, Dana L, Jan-Benedict E M Steenkamp and Rajeev Batra (1999), Brand positioning through advertising in Asia, North America, and Europe : The role of global consumer culture, *Journal of Marketing*, Vol. 63, No.1, 75-87.

Alfredo Jimenez, Dirk M. Boehe, Vasyl Taras, Dan V. Caprar (2017), Working Across Boundaries: Current and Future Perspectives on Global Virtual Teams, *Journal of International Management*, 23(4), 341-349.

Alon, Ilan, Jaffe, Eugene, Prange, Christiane and Vianelli, Donata (2021), *Global marketing: strategy, practice, and cases* (3rd.), Routledge.

Alon, Ilan, Jaffe Eugene and Vianelli, Donata (2013), Global marketing : contemporary theory, practice, and cases, McGraw-Hill.

Alserhan, Baker Ahmad (2011), *The Principles of Islamic Marketing*, GOWER.

Anderson, Otto (1997), Internationalization and Market Entry Mode : A Review of Theories and Conceptual Frameworks, *Management International Review*, Vol.37, No.2, 27-42.

Ansoff, H. Igor (1988), *The New Corporate Strategy*, Wiley.（中村元一・黒田哲彦訳（1990）『最新・戦略経営』産能大学出版部。）

Arnold, David J. and Quelch, John A. (2003), New Strategies in Emerging Markets, *Smart Globalization*, Jossey-Bass.（諸上茂登監訳（2005）『スマート・グローバリゼーション』同文舘。）

Assael, Henry (1985), *Marketing Management : Strategy and Action*, Kent.

Backman, Michael (2005), Islamic business emerge from the shadows, *European Business Forum*, No.20.

Barki, Edgard and Juracy, Parente (2010), Consumer Behaviour of the Base of the Pyramid Market in Brazil, *Greener Management International*, 56, 11-23.

Bingwen, Zheng (2011), The “Middle Income Trap and China’s Path to Development: International Experiences and Lessons, *China Economist*, Vol.6. No.3.

Breiding, R. James (2013), Swiss Made The untold story behind Switzerland’s success, Profile Books.（北川知子訳（2014）『スイスの凄い競争力』日経BP社。）

Bremmer, Ian (2014), The New Rules of Globalization Harvard Business Review. Vol.92 Issue 1/2, 103-107.（スコフィールド素子訳（2014）「保護主義化する世界で戦う８つのルール」『ダイヤモンド・ハーバード・ビジネス・レビュー』第38巻第９号，104-113頁。）

Bremmer, Ian (2005), Managing Risk in an Unstable World, *Harvard Business Review*, Vol.83, No.6, 51-60.（酒井泰介訳（2006）「政治リスク分析はBRICs戦略の要」『ダイヤモンド・ハーバード・ビジネス・レビュー』第31巻第５号，52-62。）

Brown, David Leslie (1923), *Export advertising*, Ronald Press.

Buigues, Pierre-André, Lacoste, Denis, Lavigne, Stéphanie (2015), When over internationalized companies reduce their international footprint, International Business Review, Vol. 24 Issue 6, 1039-1047.

Burgers, Willem and Padgett, Dan (2009), Understanding Environmental Risk for IJVs in China, *Management International Review*, 49 (3), 337-357.

Caneque, F.C and Hart, S.L. (2015) Base of the Pyramid 3.0: Sustainable Development through Innovation and Entrepreneurship, Routledge.（平本督太郎訳（2016）『BOPビジネス3.0―持続的成長のエコシステムをつくる』平治出版。）

Cátia Fernandes Crespo, Nuno Fernandes Crespo, Carla Curado, (2022) The effects of subsidiary's leadership and entrepreneurship on international marketing knowledge transfer and new product development, International Business Review, 31(2).

Chang, Ha-Joon (2011), *23 Things They don't Tell You About Capitalism*, Bloomsburg Press.（田村源二訳（2010）『世界経済を破綻させる23の嘘』徳間書店。）

Chang, Ha-Joon (2002), *Kicking Away the ladder*, Anthem Press.（横川信治他訳（2009）『はしごを外せ』日本評論社。）

Chao, Paul (2001), The moderating effects of country of assembly, country of parts, and country of design on hybrid product evaluations, *Journal of Advertising*, Vol.30, No.4, 67-81.

Chao, Paul (1998), Impact of country-of-origin dimensions on product quality and design quality perceptions, *Journal of Business Research*, Vol.42, No.1, 1-6.

Chen, I-Chun (1999), Germany's Henkel Is Upbeat on China For Future Growth, *Wall Street Journal (Eastern edition)*, Mar 3.

Chen, Stephen (2007), Are Internet Firms Global?, *International Marketing Research: Opportunities and Challenges in the 21st Century Advances in International Marketing*, Vol.7 (17), 319-345.

Chhokar, Jagdeep S., Brodbeck, Felix C. and House, Robert J. (2007), Culture And Leadership Across the World: The GLOBE Book of In-depth Studies of 25 Societies, Psychology Press.

Chiao, Y.C., Lo, F.Y. and Yu, C.M. (2010), Choosing between wholly-owned subsidiaries and joint ventures of MNCs from an emerging market, International Marketing Review, Vol. 27 (3), 338-365.

Chikweche, Tendai and Fletcher, Richard (2012), Revisiting the marketing mix at the bottom of pyramid (BOP): from theoretical considerations to practical realities. Journal of Consumer Marketing, 29(7), 507-520.

Christensen (1997), Clayton M., *The Innovator's Dilemma: The Revolutionary Book that Will Change the Way You Do Business*, Harvard Business School Press.（伊豆原弓訳（2000）『イノベーションのジレンマ―技術革新が巨大企業を滅ぼすとき』翔泳社。）

Cieslikowski, David A., Naomi J. Halewood, Kaoru Kimura and Christine Zhen-Wei Qiang (2009), *Key Trends in ICT Development, Information and Communications for Development 2009 : Extending Reach and Increasing Impact*, World Bank.

Clay, Jason W. (2005), *Exploring the Links Between International Business And Poverty Reduction: A Case Study of Unilever in Indonesia*, Oxfam academic.

Craig, C. Samuel and Doglas, Susan P. (2005), *International Marketing Research (3rd.)*, John Wiley & Sons Inc.

Craig, C. Samuel and Doglas, Susan P. (1983), *International Marketing Research*, Prentice Hall.

Cuervo-Cazurra, Alvaro (2008), The multinationalization of developing country MNEs: The case of multilatinas, *Journal of International Management*, Vol.14, Issue2, 138-154.

De Jong, Martijn G, Jan-Benedict E.M Steenkamp, Jean-Paul Fox, and Baumgartner, Hans (2008), Using Item Response Theory to Measure Extreme Response Style in Marketing Research: A Global Investigation, Journal Of Marketing Research ,Vol.45, no.1, 104-115.

De Langhe, Bart, Stefano Puntoni, Daniel Fernandes, and van Osselaer, Stijn M.J. (2011), The Anchor Contraction Effect in International Marketing Research, Journal Of Marketing Research Vol.48, no.2, 366-380.

Diamantopoulos, Adamantios, Schlegelmilch, Bodo and Palihawadana, Dayananda (2011), The Relationship Between Country-of-Origin Image and Brand Image as Drivers of Purchase Intentions: A Test of Alternative Perspectives, International Marketing Review, 28(5), 508-524.

Dinnie, Keith (2008), Nation Branding: Concepts, Issues, Practice, Routledge.（林田博光・平澤敦監訳（2013）『国家ブランディング―その概念・論点・実践』中央大学出版部。）

Doole, Isobel, Lowe, Robin, Kenyon, Alexandra (2022), *International marketing strategy : analysis, development and implementation* (9th), Cengage Learning.

Douglas, Susan P. and Craig, C. Samuel (2011), Convergence and Divergence : Developing a Semiglobal Marketing Strategy, *Journal of International Marketing*, Vol.19, No.1, 82-101.

Douglas, Susan P. and Craig, C. Samuel (2007), Collaborative and Iterative Translation : An Alternative Approach to Back Translation, *Journal of International Marketing*, Vol.15, No.1, 30-43.

Doz, Yves L., Santos, Jose and Williamson, Peter (2001), *From Global to Metanational : How Companies Win in the Knowledge Economy*, Harvard Business School Press.

Doz, Yves L. and Hamel, Gary (1998), *Alliance advantage : the art of creating value through partnering*, Harvard Business School Press.（志太勤一・柳孝一 監訳（2001）『競争優位のアライアンス戦略―スピードと価値創造のパートナーシップ』ダイヤモンド社。）

Durand, Aurélia (2009) Marketing and Globalization, Routledge.

Egelhoff, William G. (2010), How the Parent Headquarters Adds Value to an MNC, *Management International Review*, Vol.50, 413-431.

Enright, Michael J. (2005), Regional Management Centers in the Asia-Pacific, *Management International Review*, Vol.45, No1, 59-82.

Estrin, Saul, and Meyer, Klaus E. (2011), Brownfield Acquisitions, Management International Review Vol.51, no.4, 483-509.

Francis, June N. P., Janet P. Y. Lam and Jan Walls. (2002), The Impact of Linguistic Differences on International Brand Name Standardization : A Comparison of English and Chinese Brand Names of Fortune-500 Companies, *Journal of International Marketing*, Vol.10, No.1, 98-116.

Gadiesh, Orit, Philip Leung and Till Vestring (2007), The Battle for China's Good-Enough Market, *Harvard Business Review*, Vol.85, No.9, 80-89.（山本冬彦訳（2008）「「グッドイナフ・セグメント」の攻略法　中国ミドル市場を制する者が世界を制す」『ダイヤモンド・ハーバード・ビジネス・レビュー』第32巻第７号，88-102。）

Galbraith, Jay R. (2000), *Designing the Global Corporation*, Jossey-Bass.（斎藤彰悟訳（2002）『グローバル企業の組織設計』春秋社。）

Gao, Tao (2004), The Contingency Framework of Foreign Entry Mode Decisions : Locating and Reinforcing the Weakest Link, *Multinational Business Review*, Vol.12, No.1, 37-68.

Ghauri, Pervez N. and Rao, P.M. (2009), Intellectual property, pharmaceutical MNEs and the developing world, *Journal of World Business*, Vol.44, No.2, 206-215.

Ghemawat, Penkaj (2007), *Redefining Global Strategy*, Harvard Business School Press.（望月衛訳（2009）『コークの味は国ごとに違うべきか　ゲマワット教授の経済教室』文藝春秋。）

Ghemawat, Pankaj (2005), Regional Strategies for Global Leadership, *Harvard Business Review*, Vol.83, No.12, 98-108.（マクドナルド京子訳（2006）「グローバル競争とリージョナル戦略」『ダイヤモンド・ハーバード・ビジネス・レビュー』第31巻第3号，58-71。）

Ghemawat, Penkaj and Thomas Hout (2008), Tomorrow's Global Giants?, *Harvard Business Review*, Vol.86, No.11, 80-88.（有賀裕子訳（2009）「グローバル市場明日の覇者」『ダイヤモンド・ハーバード・ビジネス・レビュー』第33巻第5号。）

Gillespie, Kate and David, H. Hennessey (2010), *Global Marketing (3rd.)*, South-Western College Publishing.

Gillespie, Kate, Jean-Pierre Jeannet and David, H. Hennessey (2004), *Global Marketing : an Interactive Approach*, Houghton Mifflin Company.

Goldstein, Andrea (2007), *Multinational companies from emerging economies : composition, conceptualization and direction in the global economy*, Palgrave Macmillan.

Gollakota, Kamala, Gupta Vipin and Bork, James T. (2010), Reaching Customers at the Base of the Pyramid－A Two-Stage Business Strategy, *Thunderbird International Business Review*, Vol.52, No.5, 355-367.

Gordon Cameron (2011), Competing in global niche markets: the case of Macquarie Bank, International Journal of Bank Marketing, Vol. 29(4), 293-307.

Govindarajan.V. and Trimble,C. (2012) Reverse Innovation: Create Far From Home, Win Everywhere, Harvard Business School Press.（渡辺典子訳（2012）『リバース・イノベーション－新興企業の名もない企業が世界市場を支配するとき』ダイヤモンド社。）

Greenbaum, Thomas L. (2000), Focus groups vs. online, *Advertising Age (Midwest region edition)*, Vol.71, No.7, 34.

Greenbaum, Thomas L. (1996), Understanding focus group research abroad, *Marketing News*, Vol. 30, No. 12, H14 and H36.

Gulati, Ranjay, Sytch, Maxim and Mehrotra, Parth (2008), Breaking Up is Never Easy: Planning for Exit in a Strategic Alliance, *California Management Review* 50, no.4, 147-163.

Hadjikhani, Amjad and Jan Johanson (1996), Facing Foreign Market Turbulence : Three Swedish Multinational in Iran, *Journal of International Marketing*, Vol.4, No.4, 53-74.

Hall, Edward T. (1976), *Beyond Culture*, Anchor Press.（岩田慶治・谷泰訳（1979）『文化を超えて』TBSブリタニカ。）

Hammond, Allen L., William J. Kramer, Robert S. Katz, Julia T. Tran and Courtland Walker (2007), *The Next 4 Billion: Market Size and Business Strategy at the Base of the Pyramid*, World Resources Institute.

Harkness, Janet (2003), Questionnaire Translation, *Cross-cultural Surveymethods*, Wiley-Interscience.

Hart, Stuart L. and Mark B. Milstein (2003), Global sustainability and the creative distruction of industries, *Smart Globalization*, Jossey-Bass.（諸上茂登監訳（2005）『スマート・グローバリゼーション』同文舘。）

Harzing, Anne-Wil and Pudelko, Markus (2013), Language competencies, policies and practices in multinational corporations: A comprehensive review and comparison of Anglophone, Asian, Continental European and Nordic MNCs, Journal of World Business 48 (1), 87-97.

Hassan, S. S., and Craft, S. H. (2005). Linking global market segmentation decisions with strategic positioning options. The Journal of Consumer Marketing, 22(2), 81-89.

Hassan, Salah S. and Blackwell, Roger D. (1994), *Global marketing : perspectives and cases*, Dryden Press.

Henderson, Bruce D. (1972), *Perspectives on Experiences*, Boston Consulting Group.

Hewison, Nick (2003), Understanding Islamic market well worthwhile, *Marketing*, Feb 6, 2003.

Hoffman, Richard C. and Preble, John F. (2004), Global Franchising : current status and future Challenges, *Journal of Services Marketing*, Vol.18, No.2.

Hofstede, Geert, Hofstede, Gert Jan, and Minkov, Michael (2010), Cultures and Organizations Software of the Mind, 3rd. ed., Geert Hofstede BV.（岩井八郎・岩井紀子（2013）『多文化世界 違いを学び未来への道を探る（原書第３版）』有斐閣。）

Hofstede, Geert (1991), *Cultures and Organizations*, McGraw Hill.（岩井紀子・岩井八郎訳（1995）『多文化世界』有斐閣。）

Hofstede, Geert (1980), *Culture's Consequences*, SAGE.（萬成博・安藤文四郎監訳（1984）『経営文化の国際比較：多国籍企業の中の国民性』産業能率大学出版部。）

Hollensen, S. and Møller, E. (2018), Is "glocalization" still the golden way for Electrolux? Is there more to be done?, Thunderbird International Business Review. Vol. 60 Issue 4, 463-476.

Hollensen, Svend (2011), *Global marketing : a decision-oriented approach (5th.)*, FT Prentice-Hall.

Hollensen, Svend (2008), *Essentials of global marketing*, Financial Times Prentice Hall.

Hollensen, Svend (2007), *Global marketing : a decision-oriented approach (4th.)*, FT Prentice Hall.

Holmberg, Stevan R., and Cummings, Jeffrey L. (2009), Building Successful Strategic Alliances, *Long Range Planning*, Vol.42, 164-193.

Holt, Douglas B., John A. Quelch and Earl L. Taylor (2004), How Global Brands Compete, *Harvard Business Review*, Vol.82, No.9, 68-75.（松本直子訳（2004）「グローバル・ブランドの真実」『ダイヤモンド・ハーバード・ビジネス・レビュー』第29巻第11号，118-129。）

Honomichl, Jack (2009), Global Top 25 2009 Honomichl Report, *Marketing News*, Vol.43, No.13.

House, Robert J., Paul J Hanges, Mansour Javidan , Peter W. Dorfman and Vipin Gupta (2004), *Culture, leadership, and organizations : the GLOBE study of 62 societies*, Sage Publications.

Huston, Larry and Nabil Sakkab (2006), Connect and Develop: Inside Procter & Gamble's New Model for Innovation, *Harvard Business Review*, Vol.84, Issue 3, 58-66.（鈴木泰雄訳（2006）「P＆G：コネクト・アンド・ディベロップ戦略」『ダイヤモンド・ハーバード・ビジネス・レビュー』第31巻第８号，44-56。）

Hyder, Akmal S. and Eriksson, Lars Torsten (2005), Success is not enough : The spectacular rise and fall of a strategic alliance between two multinationals, *International Marketing Management*, Vol.34, No.8, 783-796.

Immelt, Jeffrey R., Vijay Govindarajan and Chris Trimblem (2009), How GE Is Disrupting Itself, *Harvard Business Review*, Vol.87, No.10, 56-65.（関美和訳（2009）「GEリバース・イノベーション戦略」『ダイヤモンド・ハーバード・ビジネス・レビュー』第35巻第１号，123-135。）

Inglehart, Ronald and Welzel, Christian (2010), Christian Changing Mass Priorities: The Link between Modernization and Democracy, Perspectives on Politics, 8(2), 551-567.

Ireland, John (2008), Lessons for successful BOP marketing from Caracas' slums, *Journal of Consumer Marketing*, Vol.25, No.7, 430-438.

ITU (2006), *ITU Internet Report 2006: digital. life*, ITU.

ITU (2011), *Measuring the Information Society*, ITU.

Jeannet, Jean-Pierre and H. David Hennessey (2004), *Global Marketing Strategies (6th ed.)*, Houghton Mifflin Company.

Johansson, Johny K. (2009), *Global Marketing : Foreign Entry, Local Marketing, & Global Management (5th.)*, McGraw-Hill/Irwin.

Johansson, Johny K. (2006), *Global Marketing : Foreign Entry, Local Marketing, & Global Management (4th.)*, McGraw-Hill/Irwin.

Johansson, Johny K. (2003), *Global Marketing : Foreign Entry, Local Marketing, & Global Management (3rd.)*, McGraw Hill.

Jorma Larima, Pratik Arte, Carlos M.P. Sousa, Pervez N. Ghauri and Jose Mata (2022), Taking stock of foreign exit, relocation and re-entry: current research and future directions, *Research Handbook on Foreign Exit, Relocation and Re-entry: Theoretical Perspectives and Empirical Evidence*, Edward Elgar Publishing.

Jungbluth, Rüdiger (2006), *Die 11 Geheimnisse des IKEA-Erfolgs*, Campus Verlag.（瀬野文教訳（2007）『IKEA超巨大小売業，成功の秘訣』日本経済新聞出版社。）

Karnani, Aneel (2008), Help, don't romanticize, the poer, *Business Strategy Review*, Vol.19, No.2, 48-53.

Karnani, Aneel (2007), The Mirage of marketing to the bottom of the pyramid, *California Management Review*, Vol.49. No.4, 90-111.

Keegan, Warren J. and Green, Mark C. (2011), *Global Marketing Management (5th.)*, Pearson Prentice-Hall.

Kim, W. Chan and Mauborgne, Renée A (2003), Making Global Strategies Work, *Smart globalization : designing global strategies, creating global networks*, Jossey-Bass.（諸上茂登監訳（2005）『スマート・グローバリゼーション』同文舘。）

Kotabe Masasaki and Kristiaan Helsen (2022), *Global Marketing Management (9th.)*, Wiley.

Kotabe Masasaki and Kristiaan Helsen (2020), *Global Marketing Management (8th.)*, Wiley.

Kotabe, Masaaki and Kristiaan Helsen (2017), *Global Marketing Management (7th.)*, Wiley.

Kotabe Masaaki and Kristiaan Helsen (2014), *Global Marketing Management (6th)*, John Wiley & Sons, Inc.

Kotabe, Masaaki, Jiang, Crystal Xiangwen and Murray Janet Y. (2011), "Managerial ties, knowledge acquisition, realized absorptive capacity and new product market performance of emerging multinational companies: A case of China", *Jounal of World Business*, 46, No.2, 166-176.

Kotabe, Masaaki and Helsen, Kristiaan (2011), *Global Marketing Management (5th.)*, John Wiley & Sons, Inc.

Kotabe, Masaaki and Helsen, Kristiaan (2004), *Global Marketing Management (3rd.)*, John Wiley & Sons, Inc.

Kotabe, Masaaki and Helsen, Kristiaan (2001), *Global Marketing Management (2nd.)*, John Wiley & Sons, Inc.（横井義則監訳（2001）『グローバル・ビジネス戦略』同文舘。）

Kotler, Philip (2000), *Marketing Management (Tenth.)*, Prentice Hall.（恩藏直人監訳（2003）『コトラーのマーケティング・マネジメント』ピアソン・エデュケーション。）

Kotler, Philip, Gary Armstrong (2001), *Principles of Marketing (9th.)*, Prentice Hall.（和田充夫監訳（2003）『マーケティング原理（第9版）』プレジデント社。）

Kübler, R., Pauwels, K., Yildirim, G., and Fandrich, T. (2018). App popularity: Where in the world are consumers most sensitive to price and user ratings?. *Journal of Marketing*, 82(5), 20-44.

Kumar, Nirmalya (2009), How Emerging Giants Are Rewriting the Rules of M&A, *Harvard Business Review*, Vol.87, No.5, 115-121.

Kumar, Nirmalya (2004), From Branded Bulldozers to Global Distribution Partners, *Marketing As Strategy: Understanding the CEO's Agenda for Driving Growth and Innovation*, Harvard Business School Press.（丸谷雄一郎訳（2008）「ブランド・ブルドーザーからグローバルな流通パートナーへ」村松潤一・井上崇通監訳『戦略としてのマーケティング』同友館。）

Kumar, V. (2000), *International Marketing Research*, Prentice Hall.

Lambin, Jean-Jacques (1986), *Le Marketing Strategique : Fondements, Methodes et Applications*, McGraw Hill.（三浦信・三浦俊彦訳（1990）『戦略的マーケティング』嵯峨野書院。）

Larsson, Rickard, Kenneth R. Brousseau, Michael J. Driver, Mikael Holmqvist and Veronika Tarnovskaya (2003), International growth through cooperation : Brand-driven strategies, leadership, and career development in Sweden, *Academy of Management Executive*, Vol.17, No.1, 7-21.

Lauterborn, Robert F. (1990), New Marketing Litany : 4P's Passe : C words take over, *Advertising Age*, October 1.

Lee, Jeoung Yul, MacMillan, Ian C. and Choe, Soonkyoo (2010), Technological Knowledge Transfer within Chaebols after the 1997-98 Crisis, *Long Range Planning*, Vol.43, No.5-6, 585-610.

Lee, Kiefer and Carter, Steve (2009), *Global Marketing Management (2nd.)*, Oxford University Press.

Lee, Keifer and Carter, Steve (2005), *Global Marketing Management*, Oxford University Press.

Lee, Richard and Lee, Kyung-Tae (2013), The Longitudinal Effects of a Two-Dimensional Consumer Animosity, Journal of Consumer Marketing, Vol.30 No.3, 273-282.

Lentz, Patrick, Hartmut H.Holzmüller and Eric Schirrmann (2007), City-of-Origin Effects in the German Beer Market: Transferring an International Construct to a Local Context, *International Marketing Research:Opportunities and Challenges in the 21st Century Advances in International Marketing*, Vol.17, Etsevier Ltd.

Levitt, Theodore (1983), The Globalization of Markets, *Harvard Business Review*, Vol.61 (May-June).

Li, Guey-Huey, Yu Chwo-Ming and Seetoo, Dah-Hsian (2010), Toward a Theory of Regional Organization, *Management International Review*, 50, No.1, 5-33.

Lin, Xiaohua (2010), State versus private MNCs from China: initial conceptualizations, *International Marketing Review*, Vol.27, No.3, 366-380.

Liu, Yipeng and Meyer, Klaus E. (2020), Boundary spanners, HRM practices, and reverse knowledge transfer: The case of Chinese cross-border acquisitions, *Journal of World Business*, 55(2), 1-14.

London, Ted and Hart, Stuart L. (ed.) (2010), *Next Generation Business Strategies for the Base of the Pyramid*, FTPress.（清川幸美訳（2011）『BOPビジネス―市場共創の戦略―』英治出版。）

Lopez, L. E., Kundu, S. K., and Ciravegna, L. (2009), Born Global or Born Regional? Evidence from an Exploratory Study in the Costa Rican Software Industry. Journal Of International Business Studies, 40(7), 1228-1238.

Luo, Yadong, Xue, Qiuzhi and Han, Binjie (2010), How emerging market governments promote outward FDI: Experience from China, *Journal of World Business*, Vol.45, No.1, 68-79.

Mahajan, Vijay (2009), *Africa rising : how 900 million African consumers offer more than you think*, Wharton School Publishing.（松本裕訳（2009）『アフリカ：動きだす９億人市場』英治出版。）

Malhotra, Naresh K. and Bartels, Betsy Charles (2002), Overcoming the attribute prespecification bias in international marketing research by using non-attribute-based correspondence analysis, *International Marketing Review*, Vol.19, No.1, 65-79.

Malhotra, Naresh K. and Peterson, Mark (2001), Marketing research in the new millennium : emerging issues and trends, *Marketing Intelligence & Plannning*, Vol.19, No.4.

Malhotra, Naresh K., Peterson, Mark and Kleiser, Susan Bardi (1998), Assessing the reliability and validity of international secondary date used to design competitive strategies for global marketing, *Research in Marketing*, Vol.14, 185-228.

Malhotra, Naresh K., Agarwal James and Peterson, Mark (1996), Methodological issues in cross-cultural marketing research : A state-of-the-art review, *International Marketing Review*, Vol.13, No.5, 7-43.

McCarthy, E. Jerome (1960), *Basic Marketing : a managerial approach*, R.D. Irwin.

Medina, Leandro and Schneider, Friedrich (2017), Shadow Economies arouud the World: New Results for 158 Countries over 1991-2015, CESifo Working Paper Series: 6430

Meyer, Klaus E. and Estrin, Saul (2001), Brownfield Entry in Emerging Markets, *Journal of International Business Studies*, Vol.32, No.3, 575-584.

Mitchell, Jennifer (1999), Reaching across borders, *Marketing News*, Vol.33, No.10, 19.

Montgomery, David B. and Yip, George S. (2000), The Challenge of Global Customer Management, *Research Paper, No.1619 (Graduate School of Business Stanford University)*.

Mullen, Michael R. and Sheng, Shirley Ye (2007), Extending and Comparing Cavusgil's Overall Market Opportunity Indexes, *International Marketing Research: Opportunities and Challenges in the 21st Century Advances in International Marketing*, Vol.17, Etsevier Ltd., 219-249.

Narayandas, Das, Quelch, John A. and Swartz, Gordon (2003), Prepare your company for global Pricing, *Smart globalization*, Jossey-Bass.（諸上茂登監訳（2005）『スマート・グローバリゼーション』同文舘。）

Nyuur, R.B. et. al (2017) An Integrated Perspective on Foreign Ethical Divestment. Thunderbird International Business Review. Nov/Dec 2017, Vol. 59 Issue 6, 725-737.

Ohmae, Kenichi (1985), *Triad power : the coming shape of global competition*, The Free Press.

Onkvist, Sak and Shaw, John J. (1988), Marketing Barriers in International Trade, *Business Horizons*, Vol.31, No.3 64-72.

Ozturk, A. Joiner, E, and Cavusgil, S. T. (2015), Delineating Foreign Market Potential: A Tool for International Market Selection. Thunderbird International Business Review, Vol. 57 Issue 2, 119-141.

Payaud, Marielle. A. (2014), Marketing Strategies at the Bottom of the Pyramid: Examples From Nestlé, Danone, and Procter & Gamble. Global Business & Organizational Excellence, 33(2), 51-63.

Piketty, Thomas (2013), Le capital au XXIème siècle, Seuil.（山形浩生・守岡桜・森本正史訳（2014）『21世紀の資本』みすず書房。）

Podolny, Joel M. (2009), The Buck Stops (and Starts) at Business School, *Harvard Business Review* Vol.87, No.6, 66-67.（スコフィールド素子訳（2009）「MBAの存在意義を問うビジネススクールの責任」『ダイヤモンド・ハーバード・ビジネス・レビュー』第34巻第９号，94-103。）

Porter, Michael E. (1985), *Competitive Advantage*, The Free Press.（土岐坤・中辻萬治・小野寺

武夫訳（1985）『競争優位の戦略』ダイヤモンド社。)

Prahalad, Coimbatore K. (2005), *The fortune at the bottom of the pyramid*, Wharton School Publishing（スカイライトコンサルティング訳（2005）『ネクスト・マーケット』英治出版。)

Prahalad, Coimbatore K. and Venkat Ramaswamy (2004), *The Future of Competition: Co-Creating Unique Value with Customers*, Harvard Business School Press.（有賀裕子訳（2004）『価値共創の未来へ』ランダムハウス講談社。)

Preble, John F and Hoffman, Richard C. (1995), Franchising Systems Around the Globe：A Status Report, *Journal of Small Business Management*, Vol.33, No.2, 80-88.

Pricewaterhouse Coopers Global Technology Centre (2004), *Electonics Manufacturing EMS at a Crossroads*, Pricewaterhouse Goopers.

Quraeshi, Mushtag Luqmani Zahir A. and Delene, Linda (1980), Marketing in Islamic Countries: A Viewpoint, *MSU Business Topics*, Vol.28, No.3, 20-21.

Ram Charan (2013), Global Tilt: Leading Your Business Through the Great Economic Power Shift, Crown Business.（上原裕美子訳（2014）『これからの経営は「南」から学べ：新興国の爆発的成長が生んだ新常識』日本経済新聞出版社。)

Ramamurti, Ravi and Singh, Jitendra V. (ed.,) (2009), *Emerging Multinationals in Emerging Markets*, Cambridge University Press.

Rangan, Kasturi V., Chu, Michael and Petkoski, Djordjija (2011), Segmenting the Base of the Pyramid, *Harvard Business Review*, Vol.89. No.6, 113-117.

Rosa, Benjamin, Gugler, Philippe and Verbeke, Alain (2020) Regional and global strategies of MNEs: Revisiting Rugman & Verbeke (2004) *Journal of International Business Studies* (2020) 51, 1045-1053.

Rottig, D., Schappert, J. and Starkman, E. (2017) Successfully Managing the Sociocultural Integration Process in International Acquisitions: A Qualitative Analysis of Canon's Acquisition of Océ, Thunderbird International Business Review. Vol. 59 Issue 2, 187-208.

Rugman, Alan M. (2005), *The Regional Multinationals MNEs and "Global" Strategic Management*, Cambridge University Press.

Rugman, Alan M. and Collinson, Simon (2005), Multinational Enterprises in the New Europe: Are They Really Global?, *Organizational Dynamics*, Vol.34, No.3, 258-272.

Rugman, Alan M. and Verbeke, Alain (2004), A perspective on regional and global strategies of multinational enterprises, *Journal of International Business Studies*, Vol.35, 3-18.

Ryans Jr, John K, Griffith, David and White, D Steven (2003), Standardized / adaptation of international marketing strategy: Necessary conditions for the advancement of knowledge, *International Marketing Review*, Vol. 20, No.6, 588-603.

Sager, Ira (1997), The Stealth Computer, *Business Week*, No. 3529, 103.

Sanaie, Ali and B. Ranjbarian (1996), Marketing in Islamic countries Iran's case study, *Journal of International Marketing Research*, Vol.21, No.3, 115-121.

Schutte, Hellmut (1995), Henkel's Strategy for Asia Pacific, *Long Range Planning*, Vol.28, No.1, 95-103.

Semon, Thomas T. (1997), Select local talent when conducting research abroad, *Marketing News*, Vol.31, No.19.

Sharma, Varinder M. and Erramilli, M. Krishna (2004), Resource-Based Explanation of Entry Mode Choice, *Journal of Marketing Theory and Practice*, Vol.12, No.1, 1-18.

Shoham, Aviv (1995), Global Marketing Standardization, *Journal of Global Marketing*, Vol.9,

No.1/2, 91-119.

Simanis, Erik (2012), Reality Check at the Bottom of the Pyramid, Harvard Business Review. Jun 2012, Vol.90 Issue 6, 120-125.（ダイヤモンド・ハーバード・ビジネス・レビュー編集部訳(2014)「BOP市場の新たなビジネスモデル」『ダイヤモンド・ハーバード・ビジネス・レビュー』第38巻第2号，64-73頁。）

Solberg, Carl Arthur (2018) International marketing: strategy development and implementation, Routledge.

Sonderegger, Petra and Täube, Florian (2010), Cluster life cycle and diaspora effects: Evidence from the Indian IT cluster in Bangalore, *Journal of International Management*, 16, 383-397.

Soriano, Mirella Yani and Foxall, Gordon R. (2002), A Spanish Translation of Mehrabian and Russell's Emotionality Scales for Environmental Cousumer Psychology, *Journal of Consumer Behavior*, Vol.2, No.1, 23-36.

Steenkamp, Jan-Benedict (2014), How global brands create firm value: the 4V model. International Marketing Review, Vol. 31 Issue 1, 5-29.

Steenkamp, Jan-Benedict E.M. and de Jong, Martijn G. (2010), A Global Investigation into the Constellation of Consumer Attitudes Toward Global and Local Products. *Journal of Marketing*, 74(6), 18-40.

Steenkamp, Jan-Benedict E. M. and Hofstede, Frenkel Ter (2002), International market segmentation : issues and perspectiveness, *International Journal of Research in Marketing*, No.19, 185-213.

Stopford, John M. and Wells, JR., Louis T. (1972), *Managing the Multinational Enterprise / Organization of the Firm and Ownership of the Subsidiaries*, Basic Books, Inc.

Sun, Sunny Li, Peng, Mike W., Ren, Bing and Yan, Daying (2010), A Comparative Ownership Advantage Framework for Cross-Border M&As: The Rise of Chinese and Indian MNEs, Vol.47(1), Journal of World Business, 4-16.

Takeuchi, Hirotaka and Porter, Michael E. (1986), Three Roles of International Marketing in Global Strategy", *Competition in Global Industries*, Harvard Business School Press.（土岐坤・中辻萬治・小野寺武夫訳（1989）『グローバル企業の競争優位』ダイヤモンド社。）

Taras, Vas, Steel, Piers, Kirkman, Bradley L. (2012), Improving national cultural indices using a longitudinal meta-analysis of Hofstede's dimensions, Journal of World Business, Vol. 47(3), 329-341.

Tellis, Gerard J. and Chandrasekaran, Deepa (2010), Extent and impact of response biases in cross-national survey research, *International Journal Of Research In Marketing* 27, no.4 329-341.

Temporal, Paul (2011), *Islamic Branding and Marketing*, John Wiley & Sons.

Teng, Bing-Sheng (2004), The WTO and Entry Modes in China, *Thunderbird International Business Review*, Vol.46, No.4, 381-400.

Tse, Edward (2010), *The China Strategy: Harnessing the Power of the World's Fastest-Growing Economy*, Basic Books.（ブーズ・アンド・カンパニー訳（2011）『中国市場戦略』日本経済新聞出版社。）

Turner, Colin, Gardiner, Paul D. (2007), De-internationalisation and global strategy: the case of British Telecommunications (BT), Journal of Business & Industrial Marketing, Vol. 22 Issue 7, 489-497.

Unctad (2013), Information Economy Report 2013 The Cloud Economy and Developing Countries,

Unctad.

Unicef (2011), *The States of the World's Children 2011*, Unicef.

Urbonavicius, S., Dikcius, V., Gineikiene, J. and Degutis, M. (2010), Country of Origin Effects in the Context of Transformations: Nostalgia, Ethnocentrism and Animosity, *Transformations in Business & Economics*, Vol.9, No.1(19), 182-202.

USTR (2014), *Special 301 Report*, USTR.

Verbeke A. and Asmussen, C.G. (2016) Global, Local, or Regional? The Locus of MNE Strategies, Journal of Management Studies 53:6, 1051-1076.

Verlegh, Peter W. J. and Jan-Benedict E. M. Steenkamp (1999), A review and meta-analysis of country-of-origin research, *Journal of Economic Psychology*, No.20, 521-546.

Victor, Jean-Christophe, Virginie Raisson and Frank Tétart (2009), *Le dessous des cartes Tome 2 : Atlas d'un monde qui change*, Tallandier.（鳥取絹子訳（2009）『地図で読む世界情勢　衝撃の近未来　第２部　世界再編のあとに何が起こるのか』河出書房出版。）

Von Zedtwitz, M., Corsi, S., Soberg, P.V. and Frega, R. (2015) A Typology of Reverse Innovation, The Journal of Product Development & Management, 32 (1), 12-28.

Vrontis, Demetris, Thrassou, Alkis and Lamprianou, Iasonas (2009), International marketing adaptation versus standardisation of multinational companies, *International Marketing Review*, Vol.26, Nos4/5, 477-500.

Waheeduzzaman, A. N. M. and Dube, Leon F. (2004), Trends and Development in Standardization Adaptation Reserch, *Journal of Global Marketing*, Vol.17, No.4, 23-52.

Waller, Randall L., and Conaway, Roger N. (2011), Framing and Counterframing the Issue of Corporate Social Responsibility, Journal Of Business Communication 48, no.1, 83-106.

Wettstein, F. et. al (2019), International business and human rights: A research agenda, Journal of World Business. Jan 2019, Vol. 54 Issue 1, 54-65.

Wilson, Dominic and Purushothaman, Roopa (2003), Dreaming With BRICs : The Path to 2050, *Global Economics Paper*, No.99.

Wilson, Kevin and Millman, Tony (2003), The global account manager as political entrepreneur, *Industrial Marketing Management*, Vol.32, No.2, 151-158.

WTO (2011), *Annual Report 2011*, WTO.

Wu, Fang, et al. "Brand name types and consumer demand: Evidence from China's automobile market." *Journal of Marketing Research* 56.1 (2019): 158-175.

Yin, Eden and Chong Ju Choi (2005), Globalization Myth: The Case of China, *Management International Review*, Vol.45, 103-120.

Yip, George S. (1992), *Total Global Strategy : Managing for Worldwide Competitive Advantage*, Englewood Cliffs.（浅野徹訳（1995）『グローバル・マネジメント：グローバル企業のための統合的世界戦略』ジャパンタイムズ。）

Yip, George S. and Madsen, Tammy L. (1996), Global account management : the new frontier in relationship marketing, *International Marketing Review*, Vol.13, No.3, 24-42.

Yu, Tieying, Subramaniam, Mohan and Cannella Jr, Albert A. (2013), Competing Globally, Allying Locally: Alliances between Global Rivals and Host-Country Factors, Journal of International Business Studies, Vol. 44, Issue 2, 117-137.

Yunshi Mao, Tian Li, Yangchun Liu (2015), Upgrading from OEM to OBM through Reverse Acquisition in China's Emerging Economy: The Case of Lacquer Craft Mfg, Front. Bus. Res. China 2015, 9(1), 64.90.

"English and Electronic Commerce : The Default Language", *The Economist*, May 15, 1999.
"Competitors Bangalore and Ireland to help each other", *Business Standard*, Jan 17, 2006.
"Mercedes-Benz Japan Drifts Down to Earth Alongside Economy", *Advertinsing Age International*, October 1997.

索　引
INDEX

A－Z

ア

カ

サ

タ

ナ

ハ

ワ

《著者紹介》

丸谷雄一郎（まるや・ゆういちろう）

1970年　メキシコシティ生まれ。
1999年　中央大学大学院商学研究科博士後期課程単位取得満期退学。
1999年　愛知大学経営学部専任講師。
2002年　愛知大学経営学部助教授。
2007年　東京経済大学経営学部准教授。
2009年　東京経済大学経営学部教授。専門はマーケティング論，グローバル・マーケティング論，流通論，国際流通論，中南米経済論。

主要著書

『変貌するメキシコ小売産業－経済開放政策とウォルマートの進出－』（単著），白桃書房，2003年；『マーケティング概論』（共著），中央大学出版部，2004年；『現代中国の流通』（共著），同文舘，2005年；『ウォルマートの新興市場参入戦略－中南米で存在感を増すグローバル・リテイラー－』（共著），芙蓉書房出版，2008年；『マーケティング戦略論－レビュー・体系・ケース－』（共著），芙蓉書房出版，2008年；『ラテンアメリカ経済成長と広がる貧困格差』（単著），創成社，2009年；『ウォルマートのグローバル・マーケティング戦略（増補版）』（単著），創成社，2018年など。

主要訳書

小田部正明，クリスチアン・ヘルセン著『グローバル・ビジネス戦略』（共訳），同文舘，2001年；ニラマルヤ・クマー著『戦略としてのマーケティング』（共訳），同友館，2008年など。

E-mail：maruya@tku.ac.jp

（検印省略）

2006年10月20日　初版発行
2008年4月20日　第2版発行
2010年4月20日　第3版発行
2012年4月20日　第4版発行
2015年4月20日　第5版発行
2019年4月20日　第6版発行
2023年4月20日　第7版発行

略称－グローバル

グローバル・マーケティング［第7版］

著　者　丸谷 雄一郎
発行者　塚 田 尚 寛

発行所　東京都文京区春日2-13-1　株式会社 創 成 社

電　話 03（3868）3867　　FAX 03（5802）6802
出版部 03（3868）3857　　FAX 03（5802）6801
http://www.books-sosei.com　振　替 00150-9-191261

定価はカバーに表示してあります。

ISBN978-4-7944-2616-1 C3034
Printed in Japan

組版：でーた工房　印刷：エーヴィスシステムズ
製本：エーヴィスシステムズ
落丁・乱丁本はお取り替えいたします。

経営・マーケティング

グローバル・マーケティング	丸谷雄一郎	著	2,000円
ウォルマートのグローバル・マーケティング戦略	丸谷雄一郎	著	2,300円
現代マーケティングの基礎知識	嶋　正 東　徹	編著	2,300円
現代消費者行動論	松江　宏 村松幸廣	編著	2,400円
わかりすぎるグローバル・マーケティング －ロシアとビジネス－	富山栄子	著	2,000円
ITマーケティング戦略 －消費者との関係性構築を目指して－	大﨑孝徳	著	2,000円
ブランド・マーケティング研究序説Ⅰ	梶原勝美	著	3,800円
ブランド・マーケティング研究序説Ⅱ	梶原勝美	著	4,200円
ブランド・マーケティング研究序説Ⅲ	梶原勝美	著	3,600円
マーケティング・ブック	小川純生	著	1,600円
マーケティング超入門	簗瀬允紀 肥沼佐栄子	監修 著	1,500円
消費者行動論	北原明彦	著	2,000円
近代経営の基礎 －企業経済学序説－	三浦隆之	著	4,200円
経営戦略論	佐久間信夫 芦澤成光	編著	2,400円
経営財務論	小山明宏	著	3,000円
昇進の研究	山本　寛	著	3,200円
商店街の経営革新	酒巻貞夫	著	4,078円
共生マーケティング戦略論	清水公一	著	4,150円
広告の理論と戦略	清水公一	著	3,800円
広告と情報	横内清光	著	2,600円

（本体価格）